新课标小学

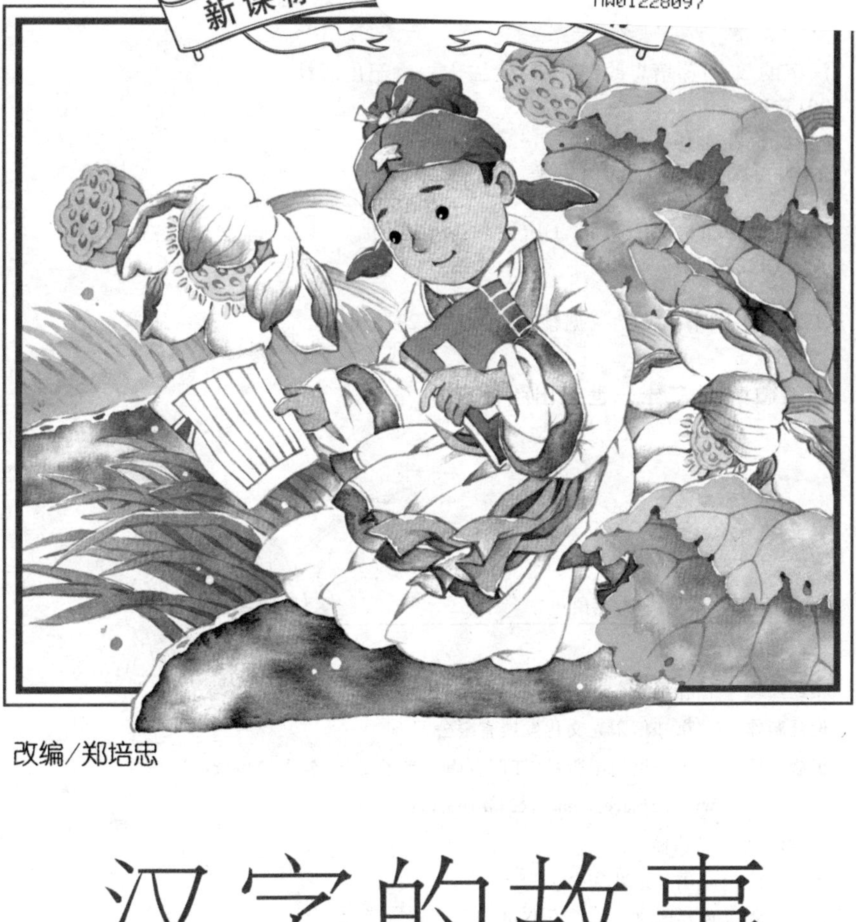

改编/郑培忠

汉字的故事

Hanzi De Gushi

彩绘注音版

二十一世纪出版社
21st Century Publishing House
全国百佳出版社

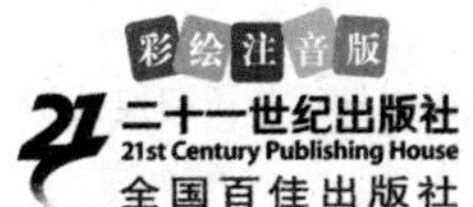

图书在版编目(CIP)数据

汉字的故事/郑培忠改编. -南昌:二十一世纪出版社,
2013.11
(新课标小学语文阅读丛书)
ISBN 978-7-5391-9145-4

Ⅰ.①汉… Ⅱ.①王… Ⅲ.①唐诗—少年读物
Ⅳ.①I222.742

中国版本图书馆 CIP 数据核字(2013)第 231850 号

新浪微博:@二十一世纪出版社官方

汉字的故事 选编/郑培忠

责任编辑 闵 蓉
特约编辑 杨春艳
设计制作 北京知信阳光文化发展有限公司
出版发行 二十一世纪出版社(江西省南昌市子安路 75 号 330009)
www.21cccc.com cc21@163.net
出 版 人 张秋林
经 销 全国各地新华书店
印 刷 南昌印刷十二厂有限公司
版 次 2013 年 11 月第 1 版 2013 年 11 月第 1 次印刷
印 数 1-17,000 册
开 本 880mm × 1230mm 1/32
印 张 7
书 号 ISBN 978-7-5391-9145-4
定 价 12.00 元

赣版权登字-04-2013-637

寄小读者

Xiao Duzhe

Ji

张 庆

由二十一世纪出版社出版的“新课标小学语文阅读丛书（彩绘注音版）”问世了。这套丛书所选有中外名著，有文学经典，都是情趣兼备的、人们百读不厌、早有定评的优秀作品，是编辑叔叔、阿姨们奉献给小学中低年级孩子的一道精美的文化“大餐”。

也许小朋友们会说：我们年纪小，识字不多，怎么能啃得动名著和经典呢？这一点不用担心，编辑叔叔、阿姨们早就为你们考虑到了。这套丛书大都根据小学中低年级学生的语文程度进行了改写，深入浅出，文笔生动，趣味盎然。如果遇到生字，只要拼拼上面的注音，再联系上下文想想，你们就可以扫除“拦路虎”，顺畅地阅读了。

“新课标”特别提倡要“少做题，多读书，好读书，读好书，读整本的书”。为什么“新课标”如此重视课外阅读呢？因为要想学好语文，单靠一本教科书是远远不够的。一本教科书只有二三十篇课文，即使背得滚瓜烂熟，又能获得多少信息呢？只有既抓好课内阅读，又抓好课外阅读，使我们“得法于课内，受益于课外”，才能不失时机地开阔我们的眼界，增长我们的知识，培育我们的智慧，丰富我们的审美体验，提高我们思考、分析、判断的能力。

我们如何来共享这道精美的文化“大餐”呢？我以为培养自己的阅读兴趣是第一位的。古人说“书山有路勤为径”，而我则认为“书山有路‘趣’为径”。攀登书山“勤”固

然重要，可是如果你对所读的书毫无兴趣，又怎么能“勤”得起来呢？冰心奶奶是位大作家，她像你们这么大的时候就开始读《三国演义》《水浒传》了。她爱读书简直到了痴迷的程度，一天到晚把自己关在房间里，头也不梳，脸也不洗。读到高兴的地方会情不自禁地哈哈大笑；读到伤心的地方她心里就酸酸的，连眼泪也掉下来了。正是沿着“兴趣”的途径，冰心奶奶才攀登上了文学艺术的顶峰。你看，这不正说明“书山有路‘趣’为径”吗？

我们的阅读兴趣还要广泛一些。因为我们是小学生，正处在打基础的阶段，需要多方面的文化滋养。正像鲁迅先生所说，“必须如蜜蜂一样，采过许多花，这才能酿出蜜来，倘若叮在一处，所得就非常有限、枯燥了”。这套丛书包罗万象，古代的、现代的，中国的、外国的，益智的、励志的，童话、寓言、小说、故事……可以充分满足我们“广采百花”的阅读需求。

小朋友们是祖国的未来，21世纪是属于你们的。要想使自己将来成为优秀的人才，就得从小跟书交朋友，多读书，读好书，从而吸收多方面的文化营养，培养健全的人格和审美的情趣。

愿这套丛书能成为你攀登这一人生目标的阶梯。

（张庆：凤凰母语教育科学研究所所长，苏教版课标本小学语文教科书主编）

目录

MU LU

仓颉造字之误

zài yuǎn gǔ shí qī wén zì hái méi yǒu chū xiàn zhī qián
在远古时期，文字还没有出现之前，
rén men dōu shì kào jié shéng lái jì shì de lì rú měi dǎ yì
人们都是靠结绳来记事的。例如，每打一
zhī liè wù jiù yòng shéng zi dǎ yí gè jié lái jì shù měi zēng
只猎物就用绳子打一个结来计数；每增
zhǎng yí suì yě dǎ yí gè jié lái jì suàn nián líng zhè yàng suī
长一岁也打一个结来计算年龄。这样虽
shuō néng gòu bāng zhù rén men jì yì dàn shì xiǎn de tài guò bèn zhòng
说能够帮助人们记忆，但是显得太过笨重
le yú shì dà jiā jiù xiǎng zhǎo yì zhǒng gèng jiǎn biàn de fāng fǎ
了。于是大家就想找一种更简便的方法
lái dài tì jié shéng jì shì
来代替结绳记事。

dāng shí yǒu gè jiào cāng jié de rén jīng guò cháng qī de guān
当时有个叫仓颉的人，经过长期的观
chá hé sī suǒ lì yòng rì yuè shān chuān dòng wù zhí wù děng xíng
察和思索，利用日月山川、动物植物等形

tài chuàng zào le yì xiē tú huà yàng de fú hào yǐ biǎo dá yí dìng
态创造了一些图画样的符号，以表达一定
de yì si zhè xiē fú hào hòu lái jiù yǎn biàn chéng le wǒ men
的意思。这些符号后来就演变成了我们
xiàn zài shǐ yòng de hàn zì
现在使用的汉字。

cāng jié wèi le fāng biàn dà jiā de shēng huó wú sī de bǎ
仓颉为了方便大家的生活，无私地把
zì jǐ suǒ chuàng de wén zì jiāo gěi dà jiā rén men fēn fēn chēng
自己所创的文字教给大家，人们纷纷称
zàn shuō tā zuò le yí jiàn liǎo bu qǐ de dà hǎo shì tīng le
赞，说他做了一件了不起的大好事。听了
rén men de zàn měi cāng jié yǒu xiē jiāo ào le zào zì bù rèn
人们的赞美，仓颉有些骄傲了，造字不认
zhēn jiào xué yě mǎ hu qǐ lái
真，教学也马虎起来。

bù luò shǒu lǐng huáng dì dé zhī le cǐ shì fēi cháng shēng
部落首领黄帝得知了此事，非常生
qì yú shì zhǎo lái bù luò li zuì nián zhǎng zuì yǒu zhì huì de
气，于是找来部落里最年长、最有智慧的
de lǎo rén shāng liang rú hé ràng cāng jié rèn shi dào zì jǐ de
的老人，商量如何让仓颉认识到自己的

cuò wù lǎo rén duì huáng dì shuō cāng jié zhè jiàn shì jiāo gěi
错误。老人对黄帝说：“仓颉这件事，交给
wǒ bàn hǎo le shuō wán jiù dú zì zhǎo cāng jié qù le
我办好了！”说完就独自找仓颉去了。

zhè shí cāng jié zhèng zài jiāo yí gè bù luò de rén shí zì
这时，仓颉正在教一个部落的人识字。
lǎo rén jiàn dà jiā tīng de rèn zhēn bú biàn dǎ duàn mò mò de
老人见大家听得认真，不便打断，默默地
zuò zài le zuì hòu miàn cāng jié kàn dào nà me dà nián jì de
坐在了最后面。仓颉看到那么大年纪的
lǎo rén yě lái tīng xīn lǐ bié tí duō gāo xìng le jiāo ào qíng
老人也来听，心里别提多高兴了，骄傲情
xù yòu kāi shǐ zī shēng
绪又开始滋生。

cāng jié xìng zhì bó bó de shàng wán kè hòu jiàn zhè wèi lǎo
仓颉兴致勃勃地上完课后，见这位老
rén hái liú zài kè táng yǐ wéi lǎo rén hái yǒu wèn tí yào qǐng jiào
人还留在课堂，以为老人还有问题要请教
tā jiù guò lái rè qíng de xún wèn lǎo rén rèn zhēn de shuō
他，就过来热情地询问。老人认真地说：
cāng jié a nǐ zào de zì jiā yù hù xiǎo kě wǒ rén lǎo yǎn
“仓颉啊，你造的字家喻户晓，可我人老眼
huā yǒu jǐ gè zì bù míng bai nǐ néng zài jiāo jiao wǒ ma
花，有几个字不明白，你能再教教我吗？”
tīng le lǎo rén de huà cāng jié gèng gāo xìng le xīn xiǎng lián bù
听了老人的话，仓颉更高兴了，心想：连部
luò zuì jiàn duō shí guǎng de lǎo rén dōu lái qǐng jiào zì jǐ zì jǐ
落最见多识广的老人都来请教自己，自己
zhēn shì tài liǎo bu qǐ le yú shì biàn cuī cù lǎo rén tí wèn
真是太了不起了！于是便催促老人提问。

老人咳嗽了一声，认真地说：“马、驴、鹿、虎都是四条腿的动物，所以你造的这几个字都有四条腿；但牛、羊也有四条腿，为什么你造的这两个字却没有腿？而鱼根本没有腿，可你造的却有四条腿（‘鱼’字以前写作‘魚’）。这都该如何解释呢？”

仓颉一听，心里有些慌了，唉，都怪自己太马虎，给弄颠倒了。

老人并不急于听仓颉回答，又接着问道：“你造的‘重’字是‘千’加‘里’，是说有千里之远、出门行路的意思，应该念‘出’；而一座‘山’上面再叠一座‘山’，就是很重的意思，应该念成‘重’，可你却教成了‘出’。这几个字我琢磨了很久也没明白，只好来请教。”

cāng jié tīng wán zhè yì xí huà míng bai le lǎo rén de lái
仓颉听完这一席话，明白了老人的来
yì dùn shí xiū kuì wàn fēn mò mò de bǎ tóu dī le xià lái
意，顿时羞愧万分，默默地把头低了下来。
tā méi xiǎng dào zì jǐ de mǎ hu gěi dà jiā dài lái le nà me
他没想到自己的马虎给大家带来了那么
duō kùn huò kàn dào tā bù hǎo yì si de yàng zi lǎo rén zhī
多困惑。看到他不好意思的样子，老人知
dào cāng jié yǐ jīng zhī cuò le yú shì xiào zhe duì tā shuō hǎo
道仓颉已经知错了，于是笑着对他说：“好
le xiǎo huǒ zi yǐ jīng zào chū de zì jiù suàn le yǐ hòu
了，小伙子。已经造出的字就算了，以后
zài zào zì kě yí dìng yào zhù yì a cāng jié gǎn jī de diǎn
再造字可一定要注意啊。”仓颉感激地点
le diǎn tóu
了点头。

dǎ nà yǐ hòu cāng jié rèn zhēn zào zì fǎn fù tuī qiāo
打那以后，仓颉认真造字，反复推敲，
zhí dào dà jiā dōu shuō hǎo cái dìng xià lái jiāo dào měi gè bù
直到大家都说好，才定下来，教到每个部
luò qù tā zài yě bù gǎn jiāo ào le
落去，他再也不敢骄傲了。

晋，射向太阳的箭

“晋”的繁体字写作“晉”，历代学者普遍认为这个字的上半部是“二矢”，即“两支箭”，下半部分是个“日”，就是说这个字的意思是“射日的箭”。据说这个字还与一个神话传说有关呢。

相传在尧时期，天上出现了十个太阳，炙热的阳光，将地上的草木、庄稼都烤死了。人间没有了日夜交替，百姓的生活苦不堪言。

yáo kàn dào le rén jiān de cǎn jǐng biàn ràng nǚ wū dào gāo
尧看到了人间的惨景，便让女巫到高
shān shang qí yǔ nǎ céng xiǎng yǔ méi qiú lái nǚ wū què bèi
山上祈雨。哪曾想雨没求来，女巫却被
huó huó kǎo sǐ le
活活烤死了。

kàn dào dà dì shang bǎi xìng de zāo yù dōng fāng de tiān
看到大地上百姓的遭遇，东方的天
dì dì jùn jué dìng pài shén shè shǒu yì xià fán zhěng jiù bǎi xìng
帝——帝俊决定派神射手羿下凡拯救百姓。

yì dài zhe tiān dì gěi tā de yì zhāng shén gōng hé shí zhī
羿带着天帝给他的一张神弓和十支
bái jiàn lái dào rén jiān tā shǒu xiān qù bài fǎng le rén jiān de
白箭来到人间。他首先去拜访了人间的
dì wáng yáo yáo hěn gāo xìng yì néng lái bāng máng
帝王——尧。尧很高兴羿能来帮忙，
biàn ràng yì gǎn jǐn qù shè tài yáng
便让羿赶紧去射太阳。

tīng shuō yì yào shè tiān shàng de tài
听说羿要射天上的太
yáng rén men fēn fēn qián lái guān
阳，人们纷纷前来观
kàn zhǐ tīng sōu sōu sōu
看。只听“嗖嗖嗖”
jǐ shēng guò hòu tiān shàng de
几声过后，天上的
jiǔ gè tài yáng fēn fēn tuō zhe
九个太阳纷纷拖着
jīn sè de huǒ huā zhuì luò dào
金色的火花坠落到

海中。顿时，人们感觉凉爽了很多，人群中爆发出阵阵掌声。

正当羿侧身要取出箭壶里的第十支箭，射落最后一个太阳的时候，却怎么也摸不着那最后一支箭。羿转过头来，发现那支箭居然在尧手里。

尧赶紧跟羿解释："没有了太阳，大地就会陷入黑暗之中，而且万物的生长也离不开太阳。请留下一个吧！"听尧如此说，羿便放下了手中的神弓。后来，羿还帮助百姓射杀了许多害人的野兽，让人民过上了平安的生活。

所以，后世很多学者常将"晋"这个字与"后羿射日"的神话传说联系起来，认为它形象地再现了后羿射日的情景。

黑塔发明酿醋术

cù bù jǐn shì yì zhǒng tiáo wèi pǐn ér qiě shì yì zhǒng
醋，不仅是一种调味品，而且是一种
bǎo jiàn yǎng shēng pǐn tā bú dàn néng ràng wǒ men de cài yáo gèng
保健养生品。它不但能让我们的菜肴更
yǒu zī wèi hái néng kāi wèi shā jūn měi róng guān yú cù de
有滋味，还能开胃、杀菌、美容。关于醋的
yóu lái hái liú chuán zhe yí gè měi lì de gù shi ne
由来还流传着一个美丽的故事呢。

zǎo zài xià cháo shí qī jiǔ shèng dù kāng fā míng le niàng jiǔ
早在夏朝时期，酒圣杜康发明了酿酒
shù bìng bǎ niàng jiǔ shù chuán gěi le ér zi hēi tǎ hòu lái
术，并把酿酒术传给了儿子黑塔。后来，
zhǎng dà chéng rén de hēi tǎ lí kāi le zì jǐ de bù luò qiān dào
长大成人的黑塔离开了自己的部落，迁到
le jīn tiān de jiāng sū zhèn jiāng yí dài bìng zài kào jìn cháng jiāng de
了今天的江苏镇江一带，并在靠近长江的
dì fang dìng jū xià lái
地方定居下来。

hēi tǎ zài nà lǐ lì yòng fù qīn chuán gěi tā de niàng jiǔ
黑塔在那里，利用父亲传给他的酿酒
shù kāi le yì jiā niàng jiǔ zuō fang
术开了一家酿酒作坊。

zuō fang de shēng yi tè bié xīng lóng kě shì yuè lái yuè duō
作坊的生意特别兴隆，可是越来越多
de jiǔ zāo què wú fǎ chǔ lǐ yào shi bǎ tā men rēng diào wèi
的酒糟却无法处理。要是把它们扔掉，未
miǎn tài kě xī le bù rēng diào yòu wú chù cún fàng zhè ràng hēi
免太可惜了，不扔掉又无处存放。这让黑
tǎ hěn kǔ nǎo
塔很苦恼。

xǐ huan zuān yán de hēi tǎ xiǎng hǎo hǎo lì yòng zhè xiē jiǔ
喜欢钻研的黑塔想好好利用这些酒

zāo jiù bú duàn de cháng shì gè zhǒng bàn fǎ zhè tiān tā suí
糟，就不断地尝试各种办法。这天，他随
shǒu qǔ guò yì zhī chéng jiǔ yòng de qì jù yǒu pěng lái yì
手取过一只盛酒用的器具——酉，捧来一
xiē jiǔ zāo fàng dào lǐ miàn rán hòu yòu jiā le yì xiē shuǐ zuì
些酒糟放到里面，然后又加了一些水，最
hòu tā bǎ yǒu kǒu fēng qǐ lái fàng dào le yì biān tā xiǎng shì
后他把酉口封起来放到了一边。他想试
shi zhè yàng kě yǐ niàng chū shén me
试，这样可以酿出什么。

kě shì hēi tǎ gōng zuò fán máng shí jiān yì cháng jī hū
可是黑塔工作繁忙，时间一长，几乎
wàng le zhè jiàn shì qing yì tiān hēi tǎ zhèng máng huo shí
忘了这件事情。一天，黑塔正忙活时，
wú yì jiān yòu kàn dào le nà ge chéng
无意间又看到了那个盛
yǒu jiǔ zāo de yǒu
有酒糟的酉，

就走过去打开封口，一股浓浓的香味顿时扑鼻而来。黑塔舀了点儿一尝，这液体酸甜可口，味道与酒大不一样。

黑塔想给这好东西取个名字。细细一算，自己把酒糟放到酉中已经有二十一天了，如果把“二十一日”合起来就是“昔”（卄，也写作“廿”，表示二十的意思），“昔”和盛酒糟的“酉”合起来就是“醋”字。这种酸酸的液体就叫“醋”吧。于是可口的醋就这样诞生了。

直到现在，全国闻名的酿醋之乡镇江，还依旧沿用着二十一天发酵的周期呢。

鸡的美丽传说

zǎo zài sān sì qiān nián yǐ qián wǒ men de zǔ xiān jiù yǐ
早在三四千年以前，我们的祖先就已
jīng xùn huà le jī guān yú jī zhè ge zì de xiě fǎ hái
经驯化了鸡。关于“鸡”这个字的写法还
yǒu gè yǒu qù de chuán shuō ne
有个有趣的传说呢。

xiāng chuán hěn jiǔ hěn jiǔ yǐ qián zài tài háng shān jiǎo xià yǒu
相传很久很久以前，在太行山脚下有
gè xī jiā zhuāng xī jiā zhuāng yǒu gè xī yuán wài xī yuán wài lǎo
个奚家庄，奚家庄有个奚员外。奚员外老
liǎng kǒu shēng yǒu yì ér yì nǚ ér zi yǐ zhǎng dà chéng jiā qǔ
两口生有一儿一女。儿子已长大成家，娶
le yí gè měi lì shàn liáng de qī zi nǚ ér hái xiǎo gāng gāng
了一个美丽善良的妻子；女儿还小，刚刚
shí suì shēng de cōng míng líng lì zhǐ shì zhè nǚ ér bèi fù mǔ
十岁，生得聪明伶俐。只是这女儿被父母
jiāo shēng guàn yǎng cóng xiǎo jiù rèn xìng bà dao hào chī lǎn zuò
娇生惯养，从小就任性、霸道，好吃懒做，

hái ài sā huǎng cháng cháng hé mǔ qīn hé qǐ huǒ er lái qī fu zì
还爱撒谎，常常和母亲合起伙儿来欺负自
jǐ de sǎo zi
己的嫂子。

zhè yì tiān xī yuán wài jiā lái le yí gè péng you zhè
这一天，奚员外家来了一个朋友。这
ge péng you sòng lái yì xiē fēi cháng xīn xiān de táo zi yì jiā
个朋友送来一些非常新鲜的桃子。一家
rén máng lǐ máng wài zhāo hu zǒu le péng you què fā xiàn táo zi shǎo
人忙里忙外招呼走了朋友，却发现桃子少
le hěn duō wèn shéi shéi dōu shuō méi chī nǚ ér jiù zài mǔ
了很多。问谁谁都说没吃。女儿就在母
qīn miàn qián bān nòng shì fēi yìng shuō shì sǎo zi tōu chī le mǔ
亲面前搬弄是非，硬说是嫂子偷吃了。母
qīn shēng qì de duì sǎo zi shuō chī le jiù shuō chī le zěn me
亲生气地对嫂子说：“吃了就说吃了，怎么

hái bù gǎn chéng rèn bèi yuān wang de ér xí fu zhēn shì yǒu kǒu
还不敢承认？”被冤枉的儿媳妇真是有口
nán biàn wěi qu de zhí mǒ yǎn lèi tā yòng shǒu zhǐ zhi tiān yòu zhǐ
难辩，委屈得直抹眼泪，她用手指指天又指
zhi dì shuō rú guǒ shì wǒ tōu chī le táo zi jiù ràng wǒ
指地，说：“如果是我偷吃了桃子，就让我
tiān dǎ wǔ léi hōng yì páng de nǚ ér jiàn zì jǐ de sǎo zi
天打五雷轰。”一旁的女儿见自己的嫂子
fā le shì suí kǒu yě fā shì shuō rú guǒ shì wǒ tōu chī
发了誓，随口也发誓说：“如果是我偷吃
de jiù ràng wǒ biàn chéng qín shòu méi xiǎng dào nǚ ér gāng fā wán
的，就让我变成禽兽。”没想到女儿刚发完
shì jiù dǎo zài dì shang zhuǎn yǎn jiān biàn chéng le yì méi tuǒ yuán
誓，就倒在地上，转眼间变成了一枚椭圆
xíng de xiǎo xiǎo de dàn
形的、小小的蛋。

kàn dào nǚ ér biàn chéng le dàn quán jiā rén fēi cháng shāng
看到女儿变成了蛋，全家人非常伤
xīn yóu qí shì mǔ qīn tā gé wài zhēn xī zhè méi dàn tiān
心，尤其是母亲。她格外珍惜这枚蛋，天
tiān bǎ tā zhuāng zài tiē shēn de yī dōu li yí kè yě bù lí
天把它装在贴身的衣兜里，一刻也不离
shēn èr shí yī tiān de shí hou tā gǎn jué dào dàn li yǒu xì
身。二十一天的时候，她感觉到蛋里有细
wēi de dòng jing fēi cháng jīng yà yú shì tā bǎ dàn pěng chū
微的动静，非常惊讶。于是，她把蛋捧出
lái fàng zài shǒu xīn zǐ xì guān chá tū rán pī pā yì
来，放在手心仔细观察。突然“噼啪”一
shēng dàn ké liè kāi le cóng lǐ miàn zuān chū lái yí gè máo róng
声，蛋壳裂开了，从里面钻出来一个毛茸

茸的东西，像鸟又不是鸟，“叽叽”地直叫。

一家人都觉得很稀奇，不知道这个东西是什么，叫什么。奚员外想了想，对妻子说：“这小东西是女儿变的，看起来有些像小鸟，而我们姓奚，‘鸟’和‘奚’合起来就是‘鷄’（‘鸡’的繁体字），所以就叫它鸡好了。”

从此，奚员外老两口就把这只小鸡当成自己的女儿一样喂养。

秦始皇造字改字

jīng lì le màn cháng de chūn qiū zhàn guó shí qī wén zì zài
经历了漫长的春秋战国时期，文字在
chuán bō de guò chéng zhōng fā shēng le hěn dà de biàn huà jí shǐ
传播的过程中，发生了很大的变化，即使
shì tóng yí gè zì zài bù tóng de guó jiā yě chū xiàn le bù tóng
是同一个字在不同的国家也出现了不同
de xiě fǎ qín shǐ huáng wèi tǒng yī zhōng guó qián chēng qín
的写法。秦始皇（未统一中国前称“秦
wáng míng yíng zhèng zài tǒng yī zhōng guó yǐ hòu gǎn dào hàn zì
王”，名嬴政）在统一中国以后，感到汉字
de bù tóng xiě fǎ gěi rén men de jiāo liú dài lái le hěn duō bú
的不同写法给人们的交流带来了很多不
biàn yě bú lì yú zì jǐ duì tiān xià de tǒng zhì gèng bù néng
便，也不利于自己对天下的统治，更不能
zhāng xiǎn zì jǐ de wén zhì wǔ gōng wèi cǐ tā xià lìng tǒng yī
彰显自己的文治武功，为此，他下令统一
wén zì
文字。

自认为“功盖三皇，德过五帝”的秦王嬴政，为标榜自己的功绩，就从“三皇”“五帝”这两个词中各摘出一个字合成“皇帝”一词，他觉得也只有“皇帝”一词才能显示他的尊威。于是他成了我国历史上的第一个皇帝，称“始皇帝”。

热衷于为自己造词的秦始皇，还感觉自己的国号“秦”这个字也必须得改一下写法。这又是为什么呢？

原来啊，最初的时候，“秦”这个字写作“琹”，后来在流传的过程中发生了变化，有的国家把“秦”写成上面一个“春”下面一个“禾”，有的国家把下面写成两个“禾”，有的国家甚至把下面写成三个“禾”，这就给文字的传播造成了很多不便。

一个敢称“皇帝”的人，对于与自己江山有关的“秦”字当然尤为重视，写法太乱不行，写成“琹”字，更不行。因为两个“王”坐在一棵树上，这不是说除了他这个“王”以外，还有另一个“王”吗？一国岂能容二“王”？作为“始皇帝”的秦王，绝不会容忍这一点。

于是，他找来群臣商议此事。有人说：三皇五帝的历史功绩都记载在《春秋》这

bù shǐ shū zhī zhōng méi yǒu tā men jiù zǔ bù chéng chūn qiū
部史书之中，没有他们就组不成《春秋》。
qín wáng yíng zhèng mǎ shàng yǒu le zì jǐ de xiǎng fǎ jì rán zì
秦王嬴政马上有了自己的想法，既然自
jǐ gōng gài sān huáng dé guò wǔ dì yǒu zī gé chēng huáng
己“功盖三皇，德过五帝”，有资格称“皇
dì nà me tā zì jǐ de guó jiā yě jiù yǒu zī gé dú zhàn
帝”，那么他自己的国家也就有资格独占
bàn bù chūn qiū xiǎng dào cǐ tā nǎo hǎi zhōng mǎ shàng bèng chū
半部《春秋》。想到此，他脑海中马上蹦出
le zì jǐ guó jiā míng zi de xiě fǎ zhǐ jiàn tā dà bǐ yì
了自己国家名字的写法。只见他大笔一
huī cǐ zì yuè rán zhǐ shang
挥，此字跃然纸上。

zhòng chén zǐ còu jìn yí kàn yuán lái qín wáng jiāng chūn qiū
众臣子凑近一看：原来秦王将“春秋”
èr zì zhōng chūn zì tóu hé qiū zì de zuǒ piān páng zǔ hé
二字中“春”字头和“秋”字的左偏旁组合
zài yí kuài zào chū le gè qín zì zhè zhēn de shì zhàn le
在一块，造出了个“秦”字。这真的是占了
bàn bù chūn qiū ya zhòng chén zǐ bù jīn zé zé jīng tàn fēn
半部《春秋》呀。众臣子不禁啧啧惊叹，纷
fēn chēng zàn qín shǐ huáng de dà shǒu bǐ yǔ dà zhì huì yú shì
纷称赞秦始皇的大手笔与大智慧。于是
biàn yǒu le jīn tiān qín zì de xiě fǎ
便有了今天“秦”字的写法。

董卓之死的预言

董卓，东汉末年人，为人“粗猛有谋”，因为镇压少数民族起义有功，不断升迁，最后做了西凉太守，成为手握军权的西北大军阀。

东汉末年，宦官专权，引来了朝廷官员的不满，大将军何进想借助军阀的力量消灭宦官势力。于是他暗中召集了一些将领进京，董卓也在被召行列之中。但后来因为事情败露，何进被宦官杀害。带领三千精兵入京的董卓，趁着何进被杀之际，利用其他军阀与何进的妹妹——何皇后的矛盾，巧妙地进驻京城。

他用各种手段，收编了其他一些将领的人马，由此实力开始大增，篡权的野心也逐渐膨胀。他私自废掉汉少帝，改立陈留王刘协为帝，也就是历史上的汉献帝。拥帝“有功”的董卓不仅自己滥杀朝廷大臣，纵容士兵烧杀抢掠，祸害百姓，甚至派军队挖了汉武帝的陵墓。

董卓的暴行引来了天下人的不满。一次，董卓外出，听到城内的儿童在反复唱几句歌谣：“千里草，何青青，十日卜，不得生。”他不明白是什么意思，便问唱歌的小孩，小孩也不明白，只说是一位读书人

jiāo tā men chàng de zhè jǐ jù gē yáo biǎo miàn de yì si shì
教他们唱的。这几句歌谣表面的意思是：
mián yán qiān lǐ de xiǎo cǎo shì duō me cōng lǜ a kě shì shí
绵延千里的小草，是多么葱绿啊，可是十
duō tiān zhī hòu jiù huì kū wěi sǐ qù zhè qí shí àn hán le
多天之后就会枯萎死去。这其实暗含了
rén men duì shèng jí yì shí de dǒng zhuó de bù mǎn shì duì dǒng zhuó
人们对盛极一时的董卓的不满，是对董卓
de zǔ zhòu xī wàng tā kuài diǎn sǐ qù nǐ men kàn qiān lǐ
的诅咒，希望他快点死去。你们看：“千里
cǎo hé qǐ lái shì gè dǒng zì
草”合起来是个“董”字，
shí rì bǔ hé qǐ lái jiù shì zhuó
“十日卜”合起来就是“卓”

字。古代拆字一般都是按从上到下的顺序，而此处却是从下到上，暗示董卓以下犯上，以臣凌君。

多行不义必自毙，董卓的暴行不仅招致了群众的强烈不满，也引来了天下义士对他的讨伐。袁绍、曹操等人多次与董卓交战，最终把董卓逼出了京城。后来，司徒王允巧施连环计，利用美女貂蝉离间了董卓和他的义子吕布之间的关系，让吕布杀死了董卓，为民除了一害。

董卓的死果然应验了歌谣中所唱的预言。他死后，愤怒的群众用他肥胖的身躯来点天灯，据说灯火竟燃了三天三夜，由此可见董卓贪图吃喝，肥胖之极。

曹操与杨修的文字游戏

三国时的杨修，自小勤学好问，思维敏捷，长大后担任了丞相曹操的主簿。

当时，曹操让人修建丞相府的大门，刚刚建成，曹操就来视察。看过之后，曹操没有说什么，只是让人拿来纸笔，随后提笔在门上写了一个“活”字就走了。众人谁也不明白丞相是什么意思，就问途经此处的杨修。杨修一看，说：“这很明显，‘门’里加一‘活’字不就是‘阔’吗？丞相

shì xián mén tài kuò dà le nǐ men gǎn jǐn chāi le chóng jiàn ba
是嫌门太阔大了，你们赶紧拆了重建吧。”
zhòng rén tīng hòu lì jí àn yáng xiū shuō de qù zuò jǐ tiān zhī
众人听后，立即按杨修说的去做。几天之
hòu cáo cāo zài lái chá kàn jiàn jìng rán yǒu rén néng cāi tòu zì
后，曹操再来查看，见竟然有人能猜透自
jǐ de xīn si shí fēn jīng yà wèn míng qíng kuàng hòu cáo cāo
己的心思，十分惊讶。问明情况后，曹操
suī kǒu zhōng chēng zàn dàn xīn zhōng què yǒu xiē
虽口中称赞，但心中却有些
bú tòng kuài
不痛快。

jǐ tiān hòu yǒu rén sòng gěi cáo cāo yì
几天后，有人送给曹操一
hé sū lào cáo cāo zhǐ chī le yì xiǎo kǒu
盒酥酪，曹操只吃了一小口，
yīn wèi lín shí yǒu jí shì biàn zài
因为临时有急事，便在
chéng fàng sū lào de wài
盛放酥酪的外
hé shang shù zhe xiě le
盒上竖着写了

yì hé sū sān gè zì rán hòu jiù lí kāi le dà tīng zhòng
“一合酥”三个字，然后就离开了大厅。众
rén wàng zhe hé gài nǐ kàn kan wǒ wǒ kàn kan nǐ dōu bù míng
人望着盒盖，你看看我，我看看你，都不明
bai chéng xiàng zhè yàng zuò jiū jìng shì shén me yì si zhè shí yáng
白丞相这样做究竟是什么意思。这时，杨
xiū qià hǎo jìn lái kàn dào hé zi shàng miàn de zì ná qǐ yí
修恰好进来，看到盒子上面的字，拿起一
kuài sū lào jiù chī qǐ lái zhòng rén dān xīn de shuō zhè shì
块酥酪就吃起来。众人担心地说：“这是
chéng xiàng zuì ài chī de dōng xi nǐ zěn me néng suí biàn chī ne
丞相最爱吃的东西，你怎么能随便吃呢？”
yáng xiū hā hā yí xiào shuō chéng xiàng zhè shì ràng wǒ men yì
杨修哈哈一笑，说：“丞相这是让我们一
rén yì kǒu bǎ zhè hé sū lào chī diào
人一口把这盒酥酪吃掉。”

kàn dào zhòng rén bù jiě de yàng zi yáng xiū jì xù shuō
看到众人不解的样子，杨修继续说：

nǐ men kàn chéng xiàng xiě de zhè sān gè zì yī dāng rán jiù
“你们看丞相写的这三个字，‘一’当然就
shì yī guān jiàn shì zhè ge hé zì cóng shàng dào xià kě
是‘一’，关键是这个‘合’字，从上到下可
chāi chéng rén yī kǒu zhè yàng lián qǐ lái bú jiù shì
拆成‘人’‘一’‘口’，这样连起来不就是
yì rén yì kǒu sū ma zhòng rén tīng le yáng xiū de jiě
‘一人一口酥’吗？”众人听了杨修的解
shì jué de hěn yǒu lǐ yú shì yì rén ná qǐ yí kuài sū lào
释，觉得很有理，于是一人拿起一块酥酪
jīn jīn yǒu wèi de chī qǐ lái bìng bú zhù de chēng zàn yáng xiū zhì
津津有味地吃起来，并不住地称赞杨修智
huì guò rén cáo cāo huí lái hòu wèn míng qíng kuàng suī miàn lù xǐ
慧过人。曹操回来后问明情况，虽面露喜
sè dàn xīn lǐ gèng bú tòng kuài le
色，但心里更不痛快了。

hòu lái yòu fā shēng le yí jiàn shì chè dǐ jī qǐ cáo
后来，又发生了一件事，彻底激起曹

操对杨修才能的忌恨。原来，刘备的军队打败了曹操的部将夏侯渊，占领了汉中。曹操得知消息后，非常生气，亲自带兵出征，想把汉中夺回来。然而，刘备的防守极为严密，再加上汉中地区地势险要，曹操一连攻了几个月，也没有任何进展。此时的曹操陷入了极其尴尬的境地：进，不能取胜；退，又怕别人耻笑。

正在犹豫是撤军还是继续硬撑的时候，厨师送来一碗鸡汤。曹操端起来正打算喝，发现汤中有两根鸡肋，不禁感叹道："鸡肋，鸡肋啊！"恰好这时有部将进来询问夜间的新口令，曹操便随口说了一句："鸡肋！"

口令传下去后，杨修立刻让士兵收拾

xíng zhuāng zhǔn bèi chè tuì shì bīng men dōu jué de mò míng qí
行装，准备撤退。士兵们都觉得莫名其
miào yáng xiū jiě shì dào chéng xiàng yǐ jīng jué dìng chè bīng le
妙，杨修解释道：“丞相已经决定撤兵了。
nǐ men xiǎng a jī de lèi gǔ chī zhe méi ròu rēng le yòu yǒu
你们想啊，鸡的肋骨吃着没肉，扔了又有
diǎn kě xī zhè hàn zhōng bú jiù zhèng xiàng yí kuài jī lèi ma
点可惜。这汉中不就正像一块鸡肋吗？
chéng xiàng xiǎng chè bīng yòu pà bié rén xiào hua suǒ yǐ cái xiǎng chū
丞相想撤兵又怕别人笑话，所以才想出
le jī lèi de kǒu lìng děng zhe ba chéng xiàng mǎ shàng jiù huì
了‘鸡肋’的口令。等着吧，丞相马上就会
chè bīng
撤兵。”

shì bīng men jué de yáng xiū fēn xī de yǒu dào lǐ yú shì
士兵们觉得杨修分析得有道理，于是
dōu kāi shǐ dǎ dian xíng zhuāng cáo cāo wén xùn xīn zhōng jì qì yòu
都开始打点行装。曹操闻讯，心中既气又
xǐ qì de shì yáng xiū jìng rán sī zì chuán dá zì jǐ de yì
喜。气的是杨修竟然私自传达自己的意
si xǐ de shì tā zhōng yú zhǎo dào le chè bīng de lǐ yóu
思，喜的是他终于找到了撤兵的理由。

yú shì tā yǐ rǎo luàn jūn xīn wéi yóu shā le yáng xiū
于是，他以扰乱军心为由杀了杨修。
rán hòu yòu jiè jūn xīn bù wěn xià dá le chè jūn de mìng lìng
然后又借军心不稳，下达了撤军的命令。
kě lián cōng míng guò rén de yáng xiū jiù zhè yàng bái bái sòng le xìng mìng
可怜聪明过人的杨修就这样白白送了性命。

薛综解字戏使臣

薛综是三国时期东吴的五官中郎将，他博学多才，能言善辩，尤其擅长文字游戏。

一天，东吴皇帝孙权在宫中设宴招待蜀国的使臣张奉。张奉为人狂傲，自恃有些才能，便常常在公众场合以卖弄文才、取笑他人为乐。当天，宴会进行到高潮的时候，张奉又开始言谈轻狂、行为无礼起来。他竟然想学诸葛亮舌战群儒，带着酒意拿身旁吴国尚书阚泽的姓名开起了玩笑。

没有一点儿准备的阚泽顿时满脸通红，在众人面前羞得抬不起头来。看到阚泽不知如何是好的样子，张奉一边摇头晃脑，一边大笑不止。东吴群臣见状，都对张奉的行为极其反感，但碍于吴蜀两国之间的关系，又当着自

己主公孙权的面，大家只好隐忍不发。

这时，坐在一旁的薛综看不下去了，他强压住怒火走上前，先给张奉敬了一杯酒，然后严肃地对张奉说：“‘蜀’者何也，有犬为獨（‘独’的繁体字写法），无犬为蜀，横目苟身，虫入其腹。”

薛综的这番话实际上是关于“蜀”的字谜。薛综从字形的角度分析了这个字，说“蜀”加上“犬（犭）”就成了“獨”，他特意把“蜀”与“犬”相提并论，以此来嘲笑蜀国。又说“横目苟身，虫入其腹”，这是对“蜀”字结构方式的一种解读，暗中骂蜀国人就只知道侧着眼睛看人，肚子里满是坏虫。

这下轮到张奉不自在起来，一时之间，无语相对，只好反问道：“那你们‘吴

guó de wú yòu shì shén me yì si
国’的‘吴’又是什么意思？”

gāng gāng kàn dào zhāng fèng gān gà mú yàng de dōng wú qún chén
刚刚看到张奉尴尬模样的东吴群臣
jué de zhuó shí chū le yì kǒu qì tīng zhāng fèng rú cǐ fǎn wèn
觉得着实出了一口气，听张奉如此反问，
dào yòu tì xuē zōng dān qǐ xīn lái
倒又替薛综担起心来。

xuē zōng hā hā yí xiào yòng shǒu yì zhǐ tiān dà shēng shuō
薛综哈哈一笑，用手一指天，大声说：
wú kǒu wéi tiān yǒu kǒu wéi wú jūn lín wàn bāng tiān zǐ zhī
“无口为天，有口为吴，君临万邦，天子之
dū xuē zōng qiǎo miào chāi jiě wú zì jì bú lù hén jì de
都。”薛综巧妙拆解“吴”字，既不露痕迹地
pěng le sūn quán yì bǎ yòu xī luò le zhāng fèng yì fān dōng wú
捧了孙权一把，又奚落了张奉一番。东吴
qún chén yì tīng zhēn shì dà yǒu yáng méi tǔ qì zhī gǎn qún chén
群臣一听，真是大有扬眉吐气之感，群臣
yì qí jǔ bēi huān hū lián sūn quán yě zàn xǔ de wēi wēi diǎn le
一齐举杯欢呼，连孙权也赞许地微微点了
diǎn tóu ér yì páng de zhāng fèng dùn shí xiū de wú dì zì róng
点头。而一旁的张奉顿时羞得无地自容，
mò bù zuò shēng zhè cì tā yě cháng dào le bèi rén xī luò de
默不作声。这次，他也尝到了被人奚落的
zī wèi
滋味。

徐孺子解字劝邻人

东汉徐孺子，是家喻户晓的小神童。他思维敏捷，能言善辩，说出的话常令人赞叹不已。

一天晚上，徐孺子正在月下玩耍，突然听到旁边有人指着天上的月亮自言自语：“如果月亮中没有阴影，那该多好啊，它就会更明亮了。”徐孺子听后，忙跑过去有礼貌地说道：“我觉得您说的不对。这就好比人的眼睛里如果没有黑色的瞳仁，

nán dào huì gèng míng liàng ma nà yàng
难道会更明亮吗？那样

zhǐ huì àn dàn wú guāng kàn bú jiàn
只会暗淡无光，看不见

dōng xi ne tā de huí dá bú dàn zhǔn què
东西呢。”他的回答不但准确，

ér qiě xíng xiàng ràng rén bù dé bú pèi fú ér
而且形象，让人不得不佩服。而

nà shí xú rú zǐ cái gāng gāng jiǔ suì
那时，徐孺子才刚刚九岁。

hòu lái yòu yǒu yí jiàn shì ràng rén men gèng
后来又有一件事，让人们更

jiā pèi fú xú rú zǐ de cái zhì nà tiān tā
加佩服徐孺子的才智。那天，他

dào lín jū jiā qù zhǎo hǎo péng you wán qià qiǎo kàn
到邻居家去找好朋友玩，恰巧看

jiàn lín jū jiā de bó bo zhèng yào kǎn diào
见邻居家的伯伯正要砍掉

yuàn zi zhōng jiān de
院子中间的

yì kē dà shù
一棵大树。

zhè shù xià kě shì tā hé péng you men jīng cháng wán shuǎ de dì fang
这树下可是他和朋友们经常玩耍的地方。
xú rú zǐ hěn shě bu de zhè kē shù yú shì gǎn jǐn zǒu shàng qián
徐孺子很舍不得这棵树，于是赶紧走上前
xún wèn yuán yīn
询问原因。

lín jū bó bo huán shì le yì quān yuàn zi wú nài de shuō
邻居伯伯环视了一圈院子，无奈地说：
nǐ kàn zhè fāng fāng zhèng zhèng de yuàn zi xiàng bú xiàng yí gè dà
“你看这方方正正的院子像不像一个大
dà de kǒu zì yuàn zi zhōng jiān zhǎng zhe zhè me kē cū dà
大的‘口’字？院子中间长着这么棵粗大
de shù yóu rú kǒu zhōng yǒu le mù zhè bú jiù shì
的树，犹如‘口’中有了‘木’，这不就是
kùn zì ma měi tiān bèi zhè shù kùn zhù wǒ jué de hěn
‘困’字吗？每天被这树‘困’住，我觉得很
bù jí lì rú guǒ bǎ mù kǎn diào kěn dìng jiù néng shì shì
不吉利。如果把‘木’砍掉，肯定就能事事
shùn lì le
顺利了。”

xú rú zǐ tīng hòu kàn le kàn dà shù yòu kàn le kàn
徐孺子听后，看了看大树，又看了看
bó bo bǎi le bǎi shǒu xiào xī xī de shuō bó bo zhè shù
伯伯，摆了摆手，笑嘻嘻地说：“伯伯，这树
kě bù néng kǎn a rú guǒ kǎn diào huì gèng bù jí lì de
可不能砍啊。如果砍掉，会更不吉利的。
nǐ kàn yuàn zi li kǎn diào zhè mù jiù zhǐ shèng xià jiā zhōng de
你看院子里砍掉这‘木’，就只剩下家中的
rén le zhè fāng fāng de kǒu li bǎ mù huàn chéng
‘人’了。这方方的‘口’里，把‘木’换成
rén bú jiù shì qiú fàn de qiú le ma bú shì bèi
‘人’不就是‘囚犯’的‘囚’了吗？不是被
kùn zhù jiù shì bèi qiú zhù nín shuō gāi zěn me bàn
‘困’住就是被‘囚’住，您说该怎么办？”
lín jū bó bo tīng le diǎn dian tóu yòu hěn wéi nán de yáo yao tóu
邻居伯伯听了点点头，又很为难地摇摇头。

xú rú zǐ jiē zhe shuō suǒ yǐ wǒ jué de a zhǐ
徐孺子接着说：“所以，我觉得啊，只
yào bié qù xiǎng biàn kùn bú zhù yě qiú bú zhù nín shuō
要别去想，便‘困’不住也‘囚’不住，您说
duì ma bó bo shuō de hǎo shuō de hǎo lín jū
对吗，伯伯？”“说得好！说得好！”邻居
bó bo tīng le xú rú zǐ de huà lián shēng shuō wǒ zài yě bù
伯伯听了徐孺子的话连声说，“我再也不
dǎ zhè kē shù de zhǔ yi le
打这棵树的主意了。”

xú rú zǐ yòng zì jǐ qiǎo miào de jiě shì ràng lín jū bó
徐孺子用自己巧妙的解释，让邻居伯
bo fàng qì le kǎn shù de xiǎng fǎ zhēn shì hǎo yàng de
伯放弃了砍树的想法，真是好样的。

王羲之与“糁”

zài jīn tiān shān dōng lín yí yí dài yǒu hěn duō de sá tāng
在今天山东临沂一带，有很多的糁汤
guǎn chū dào cǐ dì de kè rén hěn duō dōu dú bù zhǔn mén miàn
馆。初到此地的客人，很多都读不准门面
shang nà ge dà dà de sá zì gào su nǐ zài dāng dì
上那个大大的“糁”字。告诉你，在当地，
zhè ge zì kě bù dú pǔ tōng huà zhōng de ér yào dú
这个字可不读普通话中的“shēn”，而要读
zhè shì wèi shén me ne qí shí zhè zhǒng dú fǎ kě
“sá”，这是为什么呢？其实，这种读法可
dà yǒu lái tou jù shuō gēn dōng jìn shí qī de dà shū fǎ jiā wáng
大有来头，据说跟东晋时期的大书法家王
xī zhī yǒu guān ne
羲之有关呢。

xiāng chuán wáng xī zhī de lín jū shì yí duì nián qīng fū
相传，王羲之的邻居是一对年轻夫
qī zhàng fu shì gè dú shū rén bú zěn me dǒng móu shēng qī
妻。丈夫是个读书人，不怎么懂谋生；妻

zi yě zhǐ shì huì zuò diǎn jiā wù huó suǒ yǐ a liǎng kǒu zi
子也只是会做点家务活。所以啊，两口子
rì zi guò de jǐn bā bā de wáng xī zhī zhī dào hòu biàn sān
日子过得紧巴巴的。王羲之知道后，便三
tiān liǎng tóu bāng chèn tā men yì bǎ zhè yàng tā men fū qī cái néng
天两头帮衬他们一把，这样他们夫妻才能
miǎn qiǎng dù rì
勉强度日。

yì zhí shòu rén ēn huì xiǎo fū qī liǎ hěn guò yì bú qù
一直受人恩惠，小夫妻俩很过意不去，
zǒng xiǎng bào dá rén jia kě yòu zhǎo bú dào jī huì zhè tiān
总想报答人家，可又找不到机会。这天，
fū qī liǎ yí suàn gǎn jué wáng xī zhī sì hū yǒu hǎo duō tiān méi
夫妻俩一算，感觉王羲之似乎有好多天没
lái tā men jiā le yì dǎ ting cái zhī dào wáng xī zhī bìng le
来他们家了，一打听才知道王羲之病了。
fū qī liǎ jué dìng chèn zhè ge jī huì hǎo hǎo bào dá yí xià ēn
夫妻俩决定趁这个机会好好报答一下恩
rén kě shì zěn me bào dá ne rén jia bù quē chī yòu bù quē
人。可是怎么报答呢？人家不缺吃又不缺

hē de
喝的。

zhèng zài fū qī liǎ chóu méi kǔ liǎn zhǎo bú dào bàn fǎ de
正在夫妻俩愁眉苦脸找不到办法的
shí hou yuàn zi li nà zhī wéi yī de mǔ jī gāng xià wán dàn
时候，院子里那只唯一的母鸡，刚下完蛋
zhèng gē gē dā de jiào gè bù tíng fū qī liǎ dùn shí yǒu
正“咯咯哒”地叫个不停。夫妻俩顿时有
le zhǔ yi bǎ zhè zhī jī shā le dùn diǎn tāng gěi wáng xī zhī
了主意：把这只鸡杀了，炖点汤给王羲之
sòng qù yī lái kě yǐ ràng tā bǔ bu shēn zi èr lái yě biǎo
送去，一来可以让他补补身子，二来也表
biao fū qī liǎ de xīn yì
表夫妻俩的心意。

shuō gàn jiù gàn tā men shā hǎo jī fàng hǎo tiáo liào
说干就干，他们杀好鸡，放好调料，
rán hòu fàng dào guō li dùn qī zi
然后放到锅里炖。妻子

因为有急事得出去一趟，便由丈夫来烧火。这丈夫坐在灶前，一边烧火一边看书。只见他两眼直愣愣地盯着书本，口中还念念有词，隔一会儿往灶里添把柴。也不知过了多长时间，妻子回来了。她一进家门，就闻到肉烧糊的味道，赶紧跑到厨房，掀开锅盖一看，顿时傻眼了。锅里的水早已经熬干，只剩一锅黑乎乎的肉泥。

这可怎么办？家里就这一只鸡，再去买一只没有钱，送人又不好看。这可急坏了夫妻俩。实在没办法，只能再加点水熬熬了。幸好丈夫略懂点医术，便加进了几味针对王羲之病症的中草药。为了改改味道，他还加了一点胡椒。

汤做好后，丈夫一路忐忑不安地端到

wáng xī zhī jiā li wáng xī zhī jiē guò ròu tāng kàn dào wǎn li
王羲之家里。王羲之接过肉汤，看到碗里
hēi hū hū yí piàn bù jīn zhòu le zhòu méi tóu kě zhuǎn niàn yì
黑乎乎一片，不禁皱了皱眉头。可转念一
xiǎng rén jia tè dì duān lái de shí zài bù hǎo yì si bù hē
想：人家特地端来的，实在不好意思不喝。
yú shì cháng le yì kǒu zhè yì cháng gǎn jué wèi dào hái zhēn bú cuò
于是尝了一口，这一尝感觉味道还真不错，
jīn bu zhù ǹg le yì shēng dú shū rén tīng wáng xī zhī zhè
禁不住“嗯”了一声。读书人听王羲之这
yí ǹg xià le yí tiào yǐ wéi tā xián jī tāng nán hē
一“嗯”，吓了一跳，以为他嫌鸡汤难喝。
shéi zhī dào wáng xī zhī jū rán shù qǐ dà mǔ zhǐ lián shēng chēng
谁知道，王羲之居然竖起大拇指，连声称
zàn xiāng xiāng
赞：“香！香！”

wáng xī zhī yì kǒu qì hē guāng le nà wǎn jī tāng dùn shí
王羲之一口气喝光了那碗鸡汤，顿时
gǎn jué shén qīng qì shuǎng tā shùn shǒu ná guò shēn páng de bǐ zài
感觉神清气爽。他顺手拿过身旁的笔，在

纸上写了“米参”两个字。一旁的读书人不明缘由，禁不住问了一声：“您写的这是啥？”羲之本来只是感觉这肉泥跟米粒似的，随便写写，但听到读书人的问话后，顺势开玩笑说：“我写的就是sá。”两人说完哈哈大笑，读书人提议不如将这二字合为一字，于是王羲之提笔写出了个“糁”字。从此，在当地这个字就有了“sá”的读音。

后来，在王羲之的提议和帮助下，那对夫妻开了一家糁汤馆，王羲之还特意为汤馆题写了匾额。

人们知道他家的这种鸡肉汤曾经治好了大书法家王羲之的病，都慕名前来品尝，汤馆的生意越来越红火，名声也越传越远。

徐之才戏朋友

南朝时期的徐之才从小聪慧过人，十三岁就被召为太学生，人们都称他神童。他为人幽默，尤其擅长玩文字游戏。

有一次，他家中来了几个朋友，大家寒暄一阵后，便拿各自的姓名开起了玩笑。

其中的一位朋友王昕首先说道：“徐之才，你怎么取名‘之才’呀？我看不如改为‘乏才’更贴切些。”徐之才没想到朋友居然首先拿他开涮，不过，他很镇定地应

duì dào nǐ xìng wáng cái bù hǎo ne nǐ kàn yào shi jiā gè
对道：“你姓王才不好呢！你看，要是加个
yán zì páng jiù shì yán nǐ jiù chéng le yí gè láo dao dà
‘言’字旁就是‘詝’，你就成了一个唠叨大
wáng yào shi nǐ wǎng gǒu yòu jiào quǎn shēn biān yí zhàn hěn nán
王；要是你往狗（又叫犬）身边一站，很难
bǎo zhèng nǐ bú huì fā kuáng a yào shi gěi nǐ ān shàng jiǎo hé
保证你不会发‘狂’啊；要是给你安上角和
wěi ba nǐ kě jiù biàn chéng yáng le ò zài zuò de péng
尾巴，你可就变成‘羊’了哦。”在座的朋
you tīng le tā de huà dōu hā hā
友听了他的话，都哈哈
dà xiào qǐ lái cǐ shí de wáng
大笑起来。此时的王
xīn zhēn shì hòu huǐ bù yǐ dāng
昕真是后悔不已，当
chū rě shéi dōu bǐ rě zhè wèi shén
初惹谁都比惹这位神

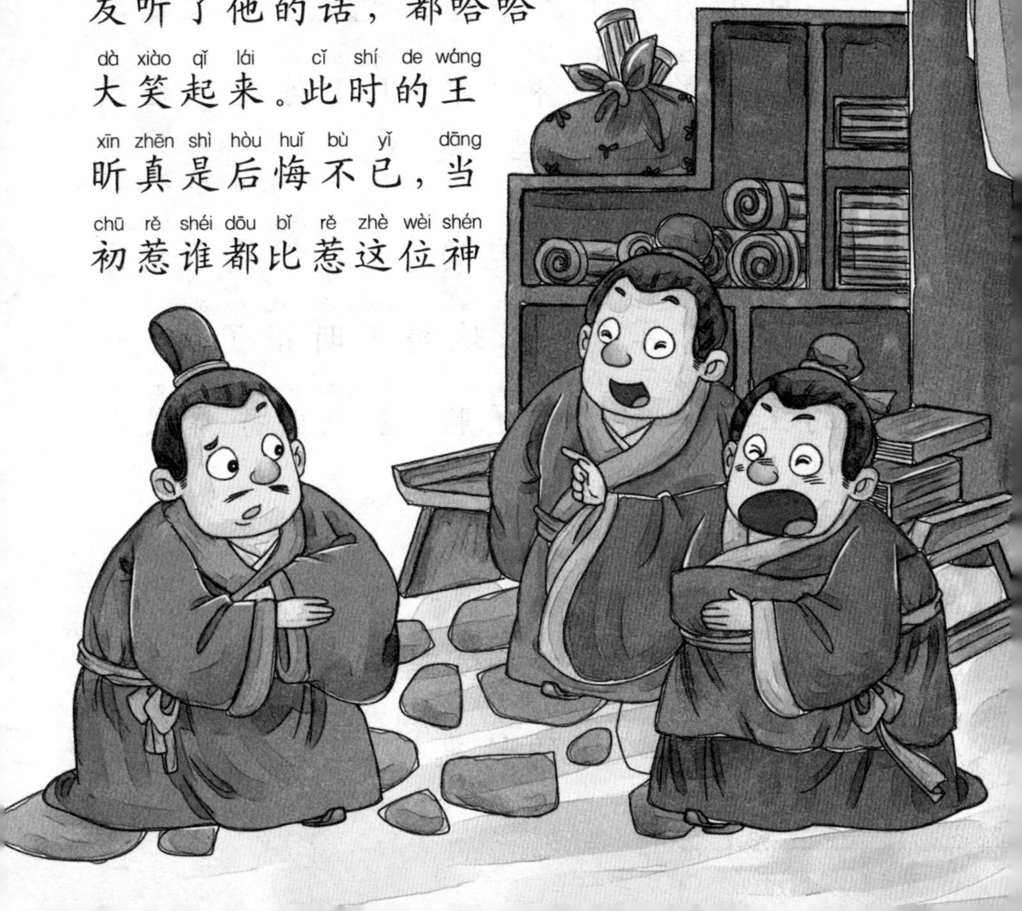

童好啊。

这时其中一个叫卢元明的朋友，见王昕招架不住，赶紧来帮忙。他笑嘻嘻地说：“徐之才，其实你也好不到哪去，你的名就是写错了的‘字’。”

卢元明为什么会这么说呢？原来徐之才名字中的“之”和“才”上下连起来看就像写错了的草体“字”字，言下之意就是你徐之才有什么了不起的，连名都是个错别字。这下可算是狠狠地替王昕报了仇。一旁的王昕这回可长了脸，差点就手舞足蹈起来。

可是此时高兴还有点早，听卢元明如此嘲笑自己，徐之才狡黠地一笑，将矛头直指卢元明：“你的姓更不好，还不如王昕

de wáng ne zài nǐ de xìng lú zì xià miàn jiā gè wáng
的‘王’呢。在你的姓‘卢’字下面加个‘亡’
jiù shì nüè wáng yǔ nüè zì xià miàn de piān páng hěn
就是‘虐’(‘亡’与‘虐’字下面的偏旁很
xiāng jìn shuō míng nǐ sǐ hòu dào le yīn jiān yě yào shòu nüè zài
相近),说明你死后到了阴间也要受虐;在
lú xià jiā gè lì jiù shì lǔ shuō míng nǐ shēng gè
‘卢’下加个‘力’就是‘虏’,说明你生个
nán nán zì kě chāi chéng tián hé lì hái jiāng lái yào
男(‘男’字可拆成‘田’和‘力’)孩将来要
dāng fú lǔ zuì hòu hǎo xīn tí xǐng nǐ yí jù kě qiān wàn
当俘‘虏’;最后,好心提醒你一句,可千万
bié qù mǎ péng zhòng rén tīng hòu bù jiě máng wèn wèi shén me
别去马棚。”众人听后不解,忙问为什么。

xú zhī cái gù zuò shén mì de shuō yīn wèi tā yí jìn
徐之才故作神秘地说:“因为他一进
mǎ péng jiù chéng le lǘ lú yǔ lǘ zì zuǒ bian de
马棚,就成了‘驴’(‘卢’与‘驴’字左边的
hù hěn xiāng jìn
‘户’很相近)。”

zhòng rén yì tīng yí gè gè xiào de qián yǎng hòu hé fēn
众人一听,一个个笑得前仰后合,纷
fēn chēng zàn xú zhī cái de kǒu cái yǔ jī zhì kě lián de lú
纷称赞徐之才的口才与机智。可怜的卢
yuán míng dùn shí miàn hóng ěr chì wú yán yǐ duì bù jīn gǎn tàn dào
元明顿时面红耳赤,无言以对,不禁感叹道:
xià cì bāng máng qián yí dìng yào xiān kàn kan duì shǒu shì shéi
“下次帮忙前,一定要先看看对手是谁。”

梁武帝与大臣

liáng wǔ dì xiāo yǎn shì gè duō cái duō yì xué shí yuān bó
梁武帝萧衍是个多才多艺、学识渊博
de rén tā jīng tōng jīng xué shǐ xué wén xué zài shū fǎ shang
的人。他精通经学、史学、文学，在书法上
yě yǒu hěn gāo de zào yì tā shèn zhì hái jīng tōng cè zì shù
也有很高的造诣。他甚至还精通测字术，
cháng cháng zài cháo táng zhī shàng bú gù jūn chén zhī lǐ kāi yì xiē
常常在朝堂之上，不顾君臣之礼，开一些
wú shāng dà yǎ de wán xiào
无伤大雅的玩笑。

yǒu yí cì liáng wǔ dì zài gōng zhōng shè yàn zhāo dài qún
有一次，梁武帝在宫中设宴招待群
chén jiǔ guò sān xún jūn chén dōu yǒu le zuì yì zuì yǎn méng
臣。酒过三巡，君臣都有了醉意。醉眼蒙
lóng zhōng liáng wǔ dì kàn dào dà chén xiāo chēn yīn bú shèng jiǔ lì
眬中，梁武帝看到大臣萧琛因不胜酒力，
mí lí zhe shuāng yǎn pā zài le jiǔ zhuō shang cǐ kè liáng wǔ dì
迷离着双眼趴在了酒桌上。此刻梁武帝

wán quán wàng le jūn chén zhī lǐ shùn shǒu ná qǐ jiǔ zhuō shang de
完全忘了君臣之礼，顺手拿起酒桌上的
yì méi hóng zǎo xiàng xiāo chēn zhì qù gāng hǎo dǎ zhòng le xiāo chēn de
一枚红枣向萧琛掷去，刚好打中了萧琛的
qián é xiāo chēn huǎng hū zhī zhōng kàn dào yǒu rén yòng hóng zǎo tóu
前额。萧琛恍惚之中看到有人用红枣投
zhì zì jǐ biàn shùn shǒu mō qǐ yì méi lì zi huán jī guò qù
掷自己，便顺手摸起一枚栗子还击过去。
zhè kě bù dé liǎo le méi xiǎng dào tā jìng yí xià zá zhòng liáng wǔ
这可不得了了，没想到他竟一下砸中梁武
dì de liǎn liáng wǔ dì dùn jué yán miàn jìn shī bù jīn lóng yán
帝的脸。梁武帝顿觉颜面尽失，不禁龙颜
dà nù yào zhì xiāo chēn bù chén zhī zuì xiāo chēn suī yǒu huǐ yì
大怒，要治萧琛不臣之罪。萧琛虽有悔意，
dàn jiè zhe jiǔ dǎn réng rán jié lì wèi zì jǐ biàn hù shuō
但借着酒胆，仍然竭力为自己辩护，说：
bì xià tóu chén yǐ chì xīn wéi chén
“陛下投臣以赤心，为臣
zěn néng bù huí bào nín yǐ zhàn lì
怎能不回报您以战‘栗’
ne liáng wǔ dì tīng hòu lóng yán
呢？”梁武帝听后，龙颜

大悦，连说："战'栗'好，战'栗'好，臣对君应该报以战'栗'。"萧琛巧妙地用"赤心"代指红枣，称赞皇帝对大臣关心；又用"战栗"的"栗"代指"栗子"的"栗"，以表达自己对皇帝的敬畏之意，表示自己对皇帝忠心耿耿。

如果说此事表现了梁武帝君臣关系的随和，那么下面这事更表现了梁武帝高超的识人辨才与政治预测能力。梁武帝朝中有一个大臣叫侯景，此人素有野心，幻想有一天能在南面登基称帝。他经常对别人说："我的姓氏'侯'字，左边是'人'，字的右下方还是'人'，这不都表明我能在人中做主吗？"

后来，侯景果然起兵作乱，很快就攻

jìn le dū chéng nán jīng miàn duì cǐ
进了都城南京。面对此
zhǒng qíng xing liáng wǔ dì duì shēn biān
种情形，梁武帝对身边
de dà chén shuō hóu jǐng suī rán huì chēng dì dàn
的大臣说：“侯景虽然会称帝，但
shì bú huì cháng jiǔ liáng wǔ dì wèi shén me huì zhè me shuō ne
是不会长久。”梁武帝为什么会这么说呢？
yuán lái àn zhào liáng wǔ dì de chāi zì fāng fǎ hóu kě yǐ
原来，按照梁武帝的拆字方法，“侯”可以
chāi chéng rén tiān zǐ jǐng kě yǐ chāi chéng xiǎo
拆成“人”“天”“子”，“景”可以拆成“小”
bǎi rì lián qǐ lái qià hǎo jiù shì xiǎo rén bǎi rì tiān
“百”“日”，连起来恰好就是“小人百日天
zǐ guǒ rán hóu jǐng zhǐ zuò le yì bǎi èr shí tiān de huáng
子”。果然，侯景只做了一百二十天的皇
dì jiù bèi shā le
帝就被杀了。

刘邦与段思平的帝王梦

měi gè rén dōu zuò guò mèng sú huà shuō rì yǒu suǒ
每个人都做过梦。俗话说：“日有所
sī yè yǒu suǒ mèng yì si shì shuō bái tiān wǒ men fǎn fù
思，夜有所梦。”意思是说，白天我们反复
sī kǎo de shì děng yè li wǒ men shuì zháo hòu tā huì chū xiàn
思考的事，等夜里我们睡着后，它会出现
zài wǒ men de mèng zhōng suī rán zhè xiē mèng yǒu shí xiǎn de hěn
在我们的梦中，虽然这些梦有时显得很
huāng dàn dàn xì xì yì xiǎng qí zhōng yì xiē hái hěn yǒu dào lǐ ne
荒诞，但细细一想，其中一些还很有道理呢。

qín cháo mò nián liú bāng dān rèn sì shuǐ tíng zhǎng yì tiān
秦朝末年，刘邦担任泗水亭长。一天，
tā cóng mèng zhōng xǐng lái duì mèng jìng zhōng de qí guài jīng lì bǎi
他从梦中醒来，对梦境中的奇怪经历百
sī bù dé qí jiě chī guò zǎo fàn tā gǎn jǐn qù zhǎo zì jǐ
思不得其解。吃过早饭，他赶紧去找自己
de hǎo yǒu dān rèn pèi xiàn yù lì de xiāo hé xún qiú dá àn
的好友——担任沛县狱吏的萧何，寻求答案。

yuán lái tā mèng dào zì jǐ zài máng máng de tián yě zhī zhōng
原来他梦到自己在茫茫的田野之中
zhuī gǎn yì zhī yáng zhuī shàng zhī hòu tā zhuā zhù yáng jiǎo yòng lì
追赶一只羊，追上之后，他抓住羊角用力
yì bá yáng jiǎo jìng rán bèi bá xià lái le tā yòu hào qí de
一拔，羊角竟然被拔下来了；他又好奇地
qù zhuài yáng de wěi ba jié guǒ yáng wěi ba yě diào le xià lái
去拽羊的尾巴，结果羊尾巴也掉了下来。
xiāo hé tīng le tā guān yú mèng jìng de xù shù hòu shén qíng yán sù
萧何听了他关于梦境的叙述后，神情严肃，
gào su tā shuō zhè yīng gāi shì yí gè jí lì de mèng zhè
告诉他说：“这应该是一个吉利的梦。这

‘羊’是权力或财富的象征。而且‘羊’字去掉上面的角，再去掉下面的小尾巴，就是‘王’字，这预示着您将来能称王。”刘邦虽然大字识不了一箩筐，但听了萧何的话非常高兴。

果然，后来刘邦在家乡斩蛇起义，实力迅速壮大，先是被项羽封为“汉王”，后来在楚汉战争中又打败项羽，建立了汉王朝，成为中国历史上第一个平民皇帝。

无独有偶，五代时期，后晋王朝的通海（今云南省通海县）节度使段思平在称王之前也曾做过一个奇怪的梦。

当时，段思平为东川（今云南省昆明市东川区）节度使杨乾真所忌恨，但又苦于自己的实力不如杨乾真，于是便开始亡

斩

命天涯，并趁机招兵买马壮大实力。

随着实力的增强，段思平正犹豫着要不要起兵讨伐杨乾真。一天，他在路边捡到了一枚野核桃，剖开之后，发现核桃仁上竟然隐约有“青昔”的字样。段思平百思不得其解，便去找军师董伽罗帮忙。董伽罗拿着核桃仁看了一会儿，脸上露出了微笑，说道：“您看这‘青’字拆开后，上面是‘十二’，下面是个‘月’；‘昔’字拆开后，上面是‘廿’，‘廿’就是二十的意思，中间是个‘一’，下面是个‘日’字，连起来就是‘十二月二十一日’，这不正是老天爷暗示您应在这个时间起兵吗？”

段思平听后十分高兴。可当天晚上，他却做了一连串奇怪的梦：先是梦见自己被人斩首，接着又梦见自己心爱的玉瓶缺了一只耳朵，后来还梦到自己的宝镜被打碎。

从梦中惊醒的段思平吓得浑身直冒冷汗，他赶紧叫来董伽罗，询问吉凶。董伽罗思考了一会儿，满脸喜悦地说：“恭喜大人，这是个吉梦啊。您本来是一位公卿大夫，‘夫’字去头后就是‘天’，这是天子的征兆；‘玉瓶’的‘玉’去掉一耳就是‘王’，也是君王之兆；宝镜能照出人的影像，这影像就好比您的敌人，镜破影消，这表示您所向无敌。由此可见，讨伐杨乾真一定会成功。”这些话坚定了段思平的信心，于是他从东方（今海南省东方市）借来援兵，齐心合力，一举打败杨乾真，并占领了他的领土，建立大理国，成为一代开国君主。

小神童智对“三公”大臣

贾嘉隐小时候是唐代著名的神童，他虽然聪颖过人，长相却十分丑陋，为此常受到人们的取笑。不过，思维敏捷的他十分擅长应对，对于他人近乎刻薄的问话，他总能反败为胜，弄得对方哭笑不得。

据说他十一二岁时，恰逢贞观年间朝廷招贤纳士，有人便把他推荐给了朝廷。来到朝堂之上，他的丑陋长相顿时引来朝臣一片惊讶之声，还没等别的大臣反应过

lái qí guó gōng zhǎng sūn wú jì jiù kāi kǒu le zhè xiǎo hái róng
来，齐国公长孙无忌就开口了：“这小孩容
mào rú cǐ cū yě chǒu lòu huì yǒu shén me cōng yǐng zhī chù ne
貌如此粗野丑陋，会有什么聪颖之处呢？”
jiǎ jiā yǐn tái tóu kàn le kàn mǎn liǎn hú xū de zhǎng sūn wú jì
贾嘉隐抬头看了看满脸胡须的长孙无忌，
yìng shēng huí dá mǎn liǎn hú xū de rén dōu néng zuò guó gōng róng
应声回答：“满脸胡须的人都能做国公，容
mào chǒu lòu de rén jiù bù cōng míng ma jiǎ jiā yǐn de huí dá
貌丑陋的人就不聪明吗？”贾嘉隐的回答
bù bēi bú kàng bǎ qí guó gōng de huà yìng shēng shēng gěi dǐng le
不卑不亢，把齐国公的话硬生生给顶了
huí qù yǐn lái zhòng rén zé zé chēng zàn cháo zhōng qún chén cóng
回去，引来众人啧啧称赞，朝中群臣从
cǐ zài yě méi yǒu qǔ xiào guò tā de róng mào
此再也没有取笑过他的容貌。

hái yǒu yí jiàn shì gèng néng shuō míng jiǎ jiā yǐn de shén tóng
还有一件事，更能说明贾嘉隐的神童

天分。那年，贾嘉隐才七岁，也是因为聪颖过人而被皇上召见。当时，朝中很多大臣喜欢跟他开玩笑。英国公李绩逗他说：“你说，我身后倚的是棵什么树？”贾嘉隐头也不抬，开口就说：“松树。”李绩不解地问：“这明明是棵槐树，怎么说是松树呢？”贾嘉隐笑呵呵地说：“您是朝中的一品官员，位居三公，又被封为英国公，您这‘公’和您身后倚的‘木’合起来不就是‘松树’的‘松’字吗？”

一旁的齐国公长孙无忌觉得这孩子很好玩，也过来逗他，他倚着一棵槐树问贾嘉隐自己倚的是棵什么树，没想到贾嘉隐据实回答是槐树。长孙不解地问他：“你刚才不是说是松树吗，这回怎么又说是槐

shù ne
树呢？”

jiǎ jiā yǐn kàn kan xiàng mào bǐ zì jǐ hái chǒu de zhǎng sūn wú
贾嘉隐看看相貌比自己还丑的长孙无
jì táo qì de zuò le gè guǐ liǎn piě pie zuǐ shuō dāng rán
忌，淘气地做了个鬼脸，撇撇嘴说：“当然
shì huái shù le nǐ kàn nǐ nà zhāng liǎn gēn guǐ shì de zhè
是槐树了。你看，你那张脸跟鬼似的，这
guǐ zhàn zài mù de páng biān bú jiù shì huái shù de
‘鬼’站在‘木’的旁边不就是‘槐树’的
huái ma shuō wán wǔ zhù xiǎo zuǐ dào yì
‘槐’吗？”说完，捂住小嘴到一
páng tōu zhe lè qù le zhǎng sūn wú jì yì tīng
旁偷着乐去了。长孙无忌一听，
qì de liǎn dōu bái le dàn yě bù hǎo gēn yí gè
气得脸都白了，但也不好跟一个
xiǎo hái jì jiào
小孩计较。

yuán lái qí guó gōng
原来，齐国公
zhè shí jiù yǐ jīng jiàn shi
这时就已经见识
guò jiǎ jiā yǐn de lì hai
过贾嘉隐的厉害
le zhǐ shì tā
了，只是他
hòu lái bù jì
后来不记
de le
得了。

武则天自造名字

话说武则天做了皇帝之后，便想为自己重新起个名字。她希望新名字既能体现皇统万年、长治久安的国运，又能体现她改天换地的气势。但是她让人翻遍字典，也没找出一个令她满意的字来。于是有人提议张贴皇榜，悬赏征集。武则天采纳了这一建议。

可是一连几天，始终不见有人来揭榜，武则天大为恼火，把守榜的御卒一顿臭骂。这天，眼看太阳要下山了，仍不见有人来，御卒心想：今天回去又要挨骂了。

正叹息的时候，看见一个挑担的和尚急急地走来，连看也没看，一把就扯下了皇榜。

这和尚法号明空，他除了会写自己的法号外，其他的字一概不会。那他为什么来揭皇榜呢？原来，今天他奉师命进城买菜，刚买完菜准备回寺庙，突然肚子疼痛难忍，急切地想要去厕所，可手中又没有厕

纸，抬头看到墙上贴的黄纸，也不知道是干啥的，随手便扯了下来。

御卒眼见有人揭榜，顿时大喜，心想这回总算能够交差了。于是不容和尚分说，御卒拉着他便要进宫去见皇帝。被弄得一头雾水的和尚坚决不肯，御卒只好跟他说明了原委，这下内急的和尚傻了眼，顿时连去厕所的意思也没了。看来，这皇宫是非去不可了。

来到大殿，武则天很高兴，急切地想要知道和尚为自己找了个什么字。哪知和尚一见她，马上“扑通”一声跪倒，一个劲儿地请罪，说自己找的这个字字典上没有，但他可以为皇帝写下来。于是，武则天赶紧命人拿来笔墨。

只见和尚笨拙地握着笔，歪歪斜斜地写下个“曌”字来。原来，他写的正是他的法号。当然除了这俩字，别的他也不会。因为两个字上下之间没留空，连在一块就成了一个字。武则天好奇地问他这字该怎么念，和尚平时说话本来就利落，这会儿见皇帝是个女的，又很温和，也不害怕了，大着胆子说：“日月当空，光照天下，这字念‘zhào’。”

武则天听后大喜，觉得这正是她要找的字。于是她用这字作了自己的名，同时下令所有人都要称她为“武曌”。这和尚没想到，自己一通胡诌竟然歪打正着，博得皇帝欢心，真是傻人有傻福啊。

武则天与裙子

táng dài nǚ xìng yǐ fēng mǎn féi pàng wéi měi fēng mǎn le
唐代，女性以丰满肥胖为美。丰满了
gù rán měi dàn yì xiē wèn tí yě suí zhī chǎn shēng le bǐ rú
固然美，但一些问题也随之产生了，比如
zǒu lù de shí hou liǎng tiáo kù tuǐ huì yīn xiāng hù mó cā ér fā
走路的时候，两条裤腿会因相互摩擦而发
chū chī chī de xiǎng shēng zhè wǎng wǎng huì lìng rén jué de gān gà
出“哧哧”的响声，这往往会令人觉得尴尬。

dāng rán zhè xiǎng shēng yě tóng yàng kùn rǎo zhe yí gè céng
当然，这响声也同样困扰着一个曾
jīng gǎi biàn lì shǐ de nǚ qiáng rén tā jiù shì wǔ zé tiān wǔ
经改变历史的女强人，她就是武则天。武
zé tiān dēng jī zuò le huáng dì yǐ hòu suī shuō chū rù dōu chéng zuò
则天登基做了皇帝以后，虽说出入都乘坐
niǎn chē dàn zǒu lù kěn dìng shì bì miǎn bù liǎo de zuò wéi yì
辇车，但走路肯定是避免不了的。作为一
guó zhī jūn yòu shì gè nǚ xìng rú guǒ bù shí de fā chū chī
国之君，又是个女性，如果不时地发出“哧

chī de xiǎng shēng nà gāi duō yǒu sǔn guó jūn de xíng xiàng a
哧”的响声，那该多有损国君的形象啊。

yì tiān wǔ zé tiān tuì cháo hòu xiǎng yí gè rén jìng yí
一天，武则天退朝后，想一个人静一

jìng yú shì biàn jiào gōng nǚ dōu tuì xià le tā dú zì zǒu
静。于是，便叫宫女都退下了。她独自走

zài gōng zhōng de xiǎo lù shang zhè shí tā yòu tīng dào zì jǐ yī
在宫中的小路上，这时，她又听到自己衣

kù fā chū nǎo rén de chī chī shēng gǎn jǐn yí lù xiǎo pǎo huí
裤发出恼人的“哧哧”声，赶紧一路小跑回

qǐn gōng shēng pà bèi dà chén men zhuàng jiàn le gān gà
寝宫，生怕被大臣们撞见了尴尬。

zǒu jìn qǐn gōng wǔ zé tiān měng de wàng jiàn tóng jìng li zì
走进寝宫，武则天猛地望见铜镜里自

jǐ rì jiàn féi pàng de shēn cái yóu qí shì nà liǎng tiáo cū zhuàng de
己日渐肥胖的身材，尤其是那两条粗壮的

tuǐ gèng ràng tā fán zào bù
腿，更让她烦躁不

yǐ xīn xiǎng yǐ hòu zhè kù
已，心想：以后这裤

腿会不会愈来愈响呢？这该如何是好啊？想到这，她不禁皱紧了眉头。

这时，恰好门外有宫女走过，手上托着一匹布料，那是武则天让人给自己做新衣服用的。武则天灵机一动，赶紧把宫女叫到屋里，也不顾自己皇帝的身份，抢过布料展开就围在了宫女身上，她上下打量了一番，突然发现这种穿法还真是别致。宫女被皇帝的这番举动弄得云里雾里，傻呆呆地任由皇帝“打扮”。一阵折腾之后，武则天又开始在自己身上比画，她还试着在镜前走了几步，感觉很满意。于是，她找来宫中的服装师，让她们赶紧按照自己的这种设想裁制衣服。她迫不及待地想看看她的这个发明到底能不能让那“哧哧”声消失。

新衣服做好了，武则天穿上后走了几步，太好了，那恼人的声音没有了！可是该给这新式衣服取个什么名字呢？武则天想：与衣服有关的字都带有一个“衣”部偏旁，这衣服是自己发明的，而自己又贵为君主，这“衣”和“君”合在一起就是“裙”，上衣叫“褂子”，下衣叫“裤子”，这个就叫“裙子”吧。于是，裙子就这样诞生了。

宫女们见皇帝穿上自己发明的裙子后再也没有什么声响了，纷纷效仿，一时间，裙子在宫中盛行。再后来，裙子从宫中传出，流到了民间，裙子便开始为众多女性所喜爱。

李白吟诗戏狂徒

唐代大诗人李白一生喜欢游历山水名胜，写下了许多赞美祖国山河的名篇佳作，在他四处游历的途中也发生过许多有趣的故事。

开元二十二年（公元735年），三十五岁的李白离开了河南洛阳，前往山西拜访友人，一路上他观山赏水，好不自在。这天，时值正午，夏日的阳光晒得他汗流浃背，口渴难耐，他很想找家酒店停下来歇

xi yí xià hē diǎn shuǐ jiě jie kě shùn biàn tòng yǐn yì hú měi jiǔ
息一下，喝点水解解渴，顺便痛饮一壶美酒。

tā zhèng zhè yàng xiǎng zhe yì tái tóu wàng jiàn shān jiǎo xià yǒu
他正这样想着，一抬头望见山脚下有
hù rén jiā mén páng tiǎo zhe yí miàn xiǎo qí lǐ bái dà xǐ xīn
户人家，门旁挑着一面小旗，李白大喜，心
xiǎng zhè yí dìng shì jiā jiǔ diàn zì jǐ yòu kě yǐ měi měi de hē
想这一定是家酒店，自己又可以美美地喝
shàng yì bēi le
上一杯了。

yú shì tā xìng chōng chōng de
于是，他兴冲冲地
lái dào diàn qián tái tóu xì kàn zhè
来到店前，抬头细看，这
cái fā xiàn xiǎo qí
才发现，小旗

shang xiě de bìng bú shì jiǔ ér shì cù lǐ bái duō
上写的并不是“酒”，而是“醋”。李白多
shǎo yǒu xiē shī wàng dàn zhuǎn niàn yì xiǎng yě bà cù jiù cù
少有些失望，但转念一想，也罢，醋就醋
ba jìn diàn tǎo kǒu shuǐ jiě jie kě yě xíng yú shì biàn zǒu le
吧，进店讨口水解解渴也行，于是便走了
jìn qù
进去。

diàn zhǔ jiàn yǒu kè rén jìn lái máng shàng qián zhāo hu lǐ
店主见有客人进来，忙上前招呼。李
bái sǎo shì le yì quān jiàn diàn nèi kào chuāng de wèi zhì zuò zhe de
白扫视了一圈，见店内靠窗的位置坐着的
yí gè rén yě zhèng xiàng tā zhè biān kàn guò lái sì mù xiāng duì
一个人也正向他这边看过来。四目相对，
lǐ bái tū rán lái le shī xìng yě bù zhāng kǒu xiàng diàn zhǔ tǎo shuǐ
李白突然来了诗兴，也不张口向店主讨水，
zhí jiē duì tā yín le yì shǒu zì mí shī
直接对他吟了一首字谜诗：

yì rén yì kǒu yòu yì dīng
一人一口又一丁，
zhú lín yǒu sì méi yǒu sēng
竹林有寺没有僧，
nǚ rén huái zhōng bào yì zǐ
女人怀中抱一子，
èr shí yī rì yǒu shí shēng
二十一日酉时生？

lǐ bái zhè shǒu shī měi jù àn hán yí gè zì dì yī
李白这首诗，每句暗含一个字。第一
jù yì rén yì kǒu yòu yì dīng hé chéng yí gè hé zì dì
句“一人一口又一丁”合成一个“何”字，第

二句“竹林有寺没有僧”合成一个“等”字，第三句“女人怀中抱一子”合成一个“好”字，最后一句“二十一日酉时生”合成的是“醋”（“醋”字右边的“昔”，上边可拆成“廿”和“一”，“廿”是二十的意思，合起来便是二十一）字，四个字顺次相连便是“何等好醋”。

哪曾想店主也是聪明人，李白话音刚落，他便听出了李白诗中的意思，开口答道：“客官，您问这是‘何等好醋’，告诉您吧，这可是我们当地有名的山西好醋，您尽可品尝。”李白见店主一下子便明白了自己的意思，十分高兴，对店主说：“我路过此地，正好想买一坛醋送人，不过还烦请您先给我杯水解解渴。”

diàn zhǔ wèi lǐ bái duān lái le shuǐ yě wèi tā zhǔn bèi hǎo
店主为李白端来了水，也为他准备好
le yì tán cù lǐ bái yǐn wán shuǐ fù le cù qián kāi kǒu
了一坛醋。李白饮完水，付了醋钱，开口
yòu duì diàn zhǔ yín dào
又对店主吟道：

é shān yì niǎo niǎo bú zài
鹅山一鸟鸟不在，
xī xià yì nǚ rén rén ài
西下一女人人爱，
dà kǒu yì zhāng tūn xiǎo kǒu
大口一张吞小口，
fǎ qù sān diǎn shuǐ bù lái
法去三点水不来。

zhè yī rán shì yì shǒu zì mí shī dì yī jù é shān
这依然是一首字谜诗，第一句“鹅山
yì niǎo niǎo bú zài é zhōng de niǎo fēi zǒu le dāng rán
一鸟鸟不在”，“鹅”中的“鸟”飞走了当然
jiù zhǐ shèng xià wǒ dì èr jù xī xià yì nǚ rén rén ài
就只剩下“我”；第二句“西下一女人人爱”，
xī xià bian tiān yì nǚ zì biàn shì yào dì sān jù
“西”下边添一“女”字便是“要”；第三句
dà kǒu yì zhāng tūn xiǎo kǒu hěn míng xiǎn shì gè huí zuì hòu
“大口一张吞小口”很明显是个“回”；最后
yí jù fǎ qù sān diǎn shuǐ bù lái fǎ zì qù diào sān diǎn
一句“法去三点水不来”，“法”字去掉三点
shuǐ biàn shì qù sì zì lián qǐ lái jiù shì wǒ yào huí qù
水便是“去”，四字连起来就是“我要回去”。

diàn zhǔ mǎ shàng kè qi de yìng dào kè guān nín shì shuō
店主马上客气地应道：“客官，您是说

wǒ yào huí qù a nà hǎo nín màn zǒu huān yíng zài lái
‘我要回去’啊。那好，您慢走，欢迎再来。”

lǐ bái tí zhe cù tán gāng yào chū mén zhǐ tīng kào chuāng zuò de nà wèi dà shēng hè dào nǐ shì hé fāng suān rú jìng gǎn zài běn xiù cai miàn qián zhuāi wén nòng jù nǐ kě zhī wǒ shì shéi
李白提着醋坛刚要出门，只听靠窗坐的那位大声喝道：“你是何方酸儒，竟敢在本秀才面前拽文弄句？你可知我是谁？”

lǐ bái méi yǒu dā li tā yì biān shōu shi dōng xi chū mén yì biān lǎng shēng yín dào
李白没有搭理他，一边收拾东西出门，一边朗声吟道：

dòu zài shān gēn xià
豆在山根下，
yuè liang bàn kōng guà
月亮半空挂，
dǎ chái bú jiàn mù
打柴不见木，
wáng lǐ shì yì jiā
王里是一家！

李白最后一个字吟完，人已出店门，头也不回地走了。这是一首字谜诗，第一句“豆在山根下”是“豈”，这是“岂”的繁体字写法；第二句“月亮半空挂”是“有”；第三句“打柴不见木”是“此”；最后一句“王里是一家”是“理”，连起来就是“岂有此理”！

一旁的店主听后掩口而笑，不再说话。那秀才满脸不解，嘟囔道：“什么‘山’啊、‘月’的，狗屁不通。你倒还聪明，知道我姓‘王’，我媳妇姓‘李’，我和我媳妇当然是一家了。”

可怜这秀才盲目自大，被李白耍弄了还不知道呢。

机智伶人巧言获救

敬新磨是五代时期后唐的一位伶官（封建时代称演戏的人为“伶”，在宫廷中授有官职的伶人，叫“伶官”），他为人聪明，反应机敏，备受唐庄宗李存勖的宠爱。

唐庄宗身为一国君主，不励精图治，打理政事，却痴迷于同宫中的伶人演戏娱乐。他甚至还为自己起了一个艺名，叫“李天下”。

这天，他又登上舞台，陶醉于自己扮

演的角色之中。只见他迈着舞台戏步，连声高喊：“李天下，李天下在哪里？”令所有人没想到的是，台下的敬新磨快步冲上舞台，冷不防地朝着唐庄宗就是一巴掌。这一巴掌不光打蒙了唐庄宗，还惊呆了其他的伶人。

待回过神来，唐庄宗勃然大怒，其他人惊骇不已，赶紧冲上舞台擒住

了敬新磨，责问他怎么敢打皇帝耳光。被人反架着两臂的敬新磨，脖子一伸，说道：“李天下就是皇帝，他在舞台上，高喊‘李天下在哪里’，难道一个国家还能有两个李天下吗？”唐庄宗虽挨了敬新磨一巴掌，但听了他的解释后，却异常高兴，连声称赞他忠诚，从此也更宠爱他了。

这事刚过去不久，敬新磨又去宫中找皇帝演戏。当时宫中养了许多狗，敬新磨一进宫门，就有狗来追他。敬新磨靠在一根柱子边上高喊：“陛下啊，不要让你

de ér nǚ yǎo wǒ a táng zhuāng zōng de zǔ shàng shì běi fāng
的儿女咬我啊！”唐庄宗的祖上是北方
de shǎo shù mín zú tā men bǎ gǒu zuò wéi tú téng lái chóng bài
的少数民族，他们把狗作为图腾来崇拜。
xiàn zài tīng jìng xīn mó zhè yàng hú hǎn luàn jiào táng zhuāng zōng fēi
现在听敬新磨这样胡喊乱叫，唐庄宗非
cháng shēng qì yú shì wān gōng dā jiàn yào shè shā tā jìng xīn
常生气，于是弯弓搭箭要射杀他。敬新
mó yòu gǎn jǐn hū jiào bì xià bù néng shā wǒ a shā le wǒ
磨又赶紧呼叫：“陛下不能杀我啊，杀了我
jiù bù jí xiáng le tīng jìng xīn mó zhè yàng shuō táng zhuāng zōng
就不吉祥了。”听敬新磨这样说，唐庄宗
jiù fàng xià le jiàn wèn tā wèi shén me
就放下了箭，问他为什么。

tā shuō wǒ hé bì xià shì yì tǐ de jiàn táng zhuāng
他说：“我和陛下是一体的。”见唐庄
zōng bù jiě jìng xīn mó jì xù shuō dào bì xià nín de nián
宗不解，敬新磨继续说道：“陛下，您的年
hào shì tóng guāng tóng jiù shì tóng jìng de tóng
号是‘同光’，‘同’就是‘铜镜’的‘铜’；
wǒ shì jìng xīn mó jìng jiù shì tóng jìng de jìng
我是‘敬新磨’，‘敬’就是‘铜镜’的‘镜’，
yǒu tóng jìng cái huì yǒu guāng xiàn zài rú guǒ bǎ wǒ zhè jìng
有铜镜才会有光。现在如果把我这‘镜’
shā le nín zhè tóng yě jiù méi yǒu guāng le táng zhuāng zōng
杀了，您这‘铜’也就没有光了。”唐庄宗
tīng hòu hā hā dà xiào rēng diào shǒu zhōng de gōng jiàn ráo shù le
听后哈哈大笑，扔掉手中的弓箭，饶恕了
jìng xīn mó
敬新磨。

欧阳修巧用谐音戏秀才

sòng cháo shí qī yǒu gè dú shū rén tā néng yín jǐ jù
宋朝时期，有个读书人，他能吟几句
shùn kǒu liū biàn rèn wéi zì jǐ shì zì zì zhū jī jù jù miào
顺口溜，便认为自己是字字珠玑、句句妙
yǔ wén rú jǐn xiù shī rú lián huā de dà wén háo kuáng wàng
语、文如锦绣、诗如莲花的大文豪，狂妄
de bù dé liǎo
得不得了。

tā tīng shuō ōu yáng xiū xué wen dà biàn xiǎng qù hé ōu yáng
他听说欧阳修学问大，便想去和欧阳
xiū bǐ shi gāo dī yǐ cǐ zhāng xiǎn zì jǐ de néng lì shùn biàn
修比试高低，以此彰显自己的能力，顺便
xiū rǔ yí xià ōu yáng xiū
羞辱一下欧阳修。

yì tiān zhè wèi zì mìng bù fán de xiù cai chī guò zǎo fàn
一天，这位自命不凡的秀才吃过早饭
zhī hòu biàn yáo zhe yì bǎ zhé shàn xìng chōng chōng de shàng lù le
之后，便摇着一把折扇兴冲冲地上路了。

他边走边看折扇上的诗文，口中不时还溜出几句“好诗，好诗”，路人一看他这架势，还真以为他学富五车、才高八斗呢。

拐过一个路口，看见两旁有一株枇杷树，这老兄诗兴大发，随口吟道：“路旁一枇杷，两个大丫杈。”然后口中“嗯嗯”个不停，便再也没有下文。正巧，欧阳修途经此地，他见秀才抓耳挠腮的滑稽样，就想帮他一个忙，替他续两句，于是接口道：“未结黄金果，先开白玉花。”听身后有人说话，秀才赶紧回头，惊问：“你老兄也会写诗啊？”欧阳修笑笑，不说会也不说不会。几句交谈之后，秀才觉得面前这位还有点才学，正好路上做个伴，便邀他一同前去拜访欧阳修。

yú shì èr rén jié bàn jì xù qián xíng hū rán yí zhèn
于是二人结伴，继续前行，忽然一阵
fēng qǐ lù páng de yì duī tǔ huī bèi guā qǐ yì tuán shā chén
风起，路旁的一堆土灰被刮起一团沙尘。
xiù cai yòng shàn zi zài yǎn qián shān le shān shuō yuǎn wàng yì
秀才用扇子在眼前扇了扇，说：“远望一
duī huī jìn wàng huī yì duī jiē xià lái yòu méi le xià wén
堆灰，近望灰一堆。”接下来又没了下文，
zhǐ ǹg ǹg zhe bù tíng yáo shàn ōu yáng xiū kàn kan xiù cai
只“嗯嗯”着不停摇扇。欧阳修看看秀才，
zài cì jiē kǒu dào yí zhèn kuáng fēng qǐ mǎn tiān zuò xuě fēi
再次接口道：“一阵狂风起，满天作雪飞。”
nà xiù cai yì tīng gǎn jǐn shuō duì duì duì wǒ xiǎng yào zuò
那秀才一听，赶紧说：“对对对，我想要作
de shī zhèng shì zhè ge yì si
的诗正是这个意思。”

转眼间，他们来到河边，看见一群鹅正被人赶下河，发出“嘎嘎”的叫声。秀才又来了诗兴：“岸上一群鹅，被人赶下河。”当然这次还是没下文，仍然是欧阳修替他续上了“白毛浮绿水，红掌拨清波”这两句前人的诗句。

二人登上岸边的小船，还没坐下呢，秀才又摇头晃脑地说：“二人同登舟，去访欧阳修。”欧阳修完全领教了这位“大诗人”的本事，立即送上两句：“修已知道你，你还不知羞（修）。”

欧阳修巧用自己名字中的“修”与“羞”字谐音，不露痕迹地讽刺了这位不学无术却又自命不凡的“大诗人”。

王安石与双“囍”

zài zhōng guó yǒu yì zhǒng xí sú nián qīng rén jié hūn de shí
在中国有一种习俗，年轻人结婚的时
hou dōu yào zài mén zhōng jiān tiē shàng hóng hóng de dà xǐ zì
候，都要在门中间贴上红红的大“囍”字。
zhè shì wèi shén me ne shuō qǐ zhè shì er a hái yǒu yí duàn
这是为什么呢？说起这事儿啊，还有一段
jīng cǎi de gù shi ne
精彩的故事呢。

běi sòng qìng lì èr nián gōng yuán nián èr shí yī
北宋庆历二年（公元1042年），二十一
suì de wáng ān shí lí kāi jiā xiāng jiāng xī lín chuān jīn jiāng xī fǔ
岁的王安石离开家乡江西临川（今江西抚
zhōu shì lín chuān qū qián wǎng jīng chéng cān jiā jìn shì kǎo shì tú
州市临川区）前往京城参加进士考试，途
jīng jiù jiu jiā biàn zài nà lǐ liú sù le yì wǎn nǎ zhī zhè
经舅舅家，便在那里留宿了一晚。哪知这
tiān wǎn shang jiù jiu jiā fù jìn rén shēng dǐng fèi rè nao fēi fán
天晚上，舅舅家附近人声鼎沸，热闹非凡。

王安石好奇地去凑热闹，原来村里吴员外家正在为女儿选婿呢。这吴员外世代书香门第，所以选婿的方式也比较独特。当时适逢元宵佳节，吴员外便在家门口悬挂的走马灯上题了一副对联，上联是“走马灯，灯走马，灯息马停步”，说是只要年龄相当，无论贫富，谁对出下联就把女儿许配给他。不少年轻小伙子都来碰运气，可是没有一个人能够对出下联。王安石苦想多时，也毫无头绪。因为忙于进京赶考，第二天他就匆匆离开了。

王安石顺利地参加完考试，主考官欧阳修见他才思敏捷，文笔不错，想再考考他。欧阳修抬头看见厅前悬挂的飞虎旗，像是自言自语，又像是故意说给王安石听，

zhǐ jiàn tā suí kǒu yín dào fēi hǔ qí qí fēi hǔ qí juǎn
只见他随口吟道：“飞虎旗，旗飞虎，旗卷
hǔ cáng shēn wáng ān shí hū rán xiǎng qǐ wú yuán wài jiā xuǎn xù
虎藏身。”王安石忽然想起吴员外家选婿
de shàng lián bù jīn tuō kǒu ér chū zǒu mǎ dēng dēng zǒu mǎ
的上联，不禁脱口而出：“走马灯，灯走马，
dēng xī mǎ tíng bù ōu yáng xiū yì tīng zhè me nán de duì
灯息马停步。”欧阳修一听，这么难的对
lián wáng ān shí jū rán duì de rú cǐ gōng zhěng yuè fā kěn dìng
联，王安石居然对得如此工整，越发肯定
wáng ān shí shì bù kě duō dé de rén cái
王安石是不可多得的人才。

wáng ān shí kǎo wán shì huí xiāng
王安石考完试回乡，
zài cì lù guò jiù jiu
再次路过舅舅
jiā dé zhī réng rán wú
家，得知仍然无
rén duì chū wú yuán wài
人对出吴员外

家的上联。王安石想起主考官欧阳修的那一联，赶紧来到吴员外家，移花接木，用欧阳修的那一联对上了吴员外家的谜题。吴员外非常高兴，想不到能得此佳婿，于是兑现承诺，把女儿许配给了他。结婚之日，恰有报子来报，说是王安石考中了进士。一日之内，洞房花烛、金榜题名，这样两件大喜事同时发生，可谓“双喜临门”啊。此等情景触发了王安石的灵感，禁不住取来笔，在门上张贴的“喜”字旁又写了一个“喜”字，一下子变成了“囍”。

后来，人们也都期盼年轻人能够像王安石一样，能双喜临门，所以结婚之时也在门上张贴“囍”字，慢慢地就成为一种习俗，一直流传到现在。

王安石与苏轼的文字之争

sū shì běi sòng shí qī zhù míng de cí rén shī rén shū
　　苏轼，北宋时期著名的词人、诗人、书
fǎ jiā tā yǔ wáng ān shí tóng wéi táng sòng bā dà jiā zhī
法家，他与王安石同为“唐宋八大家”之
liè dōu shì yǒu míng de dà cái zǐ dàn shì jù shuō tā liǎ yīn
列，都是有名的大才子，但是据说他俩因
wèi gè zì jiàn jiě bù tóng hái céng fā shēng guò yì cì wén zì zhī
为各自见解不同，还曾发生过一次文字之
zhēng ne
争呢！

nà shí sū shì guān bài hàn lín xué shì zài shēn wéi zǎi
　　那时，苏轼官拜翰林学士，在身为宰
xiàng de wáng ān shí mén xià zuò shì yīn wèi sū shì tiān zī cōng
相的王安石门下做事。因为苏轼天资聪
huì cái xué chū zhòng wáng ān shí hěn qì zhòng tā dàn shì nián
慧，才学出众，王安石很器重他。但是年
qīng de sū shì zì rèn wéi jì yǒu lǐ bái de fēng liú xiāo sǎ yòu
轻的苏轼自认为既有李白的风流潇洒，又

有曹植的机敏聪慧，不免有些骄傲，有时甚至丝毫不顾宰相的颜面。

一天，王安石与苏轼闲聊，谈起苏东坡（东坡，苏轼的号）的“坡”字，王安石来了兴致，说道：“你瞧这‘坡’字，由‘土’和‘皮’组成，不正好说明‘坡是土的皮’吗？”

苏轼不以为然，笑着反驳道：“如果像您这样解释，‘滑’这个字，由‘水’和‘骨’组成，那它的意思就是水的骨头喽？”

王安石没想到学生辈的苏轼竟然敢

dǐng zhuàng zì jǐ xīn zhōng yǒu xiē bù yuè wèi le wǎn huí miàn
顶撞自己，心中有些不悦。为了挽回面
zi wáng ān shí gǎn jǐn bǔ jiù wǒ jué de gǔ rén suǒ zào de
子，王安石赶紧补救：“我觉得古人所造的
měi yí gè zì dōu shì yǒu yí dìng shēn yì de nǐ kàn zhè ge
每一个字都是有一定深意的。你看这个
ní zì tā shì yóu yú hé ér ér de fán tǐ
‘鲵’字，它是由‘鱼’和‘兒’（‘儿’的繁体
zì xiě fǎ zǔ chéng de ní bù zhèng hǎo kě yǐ jiě shì chéng yú
字写法）组成的，鲵不正好可以解释成‘鱼
de ér zi ma
的儿子’吗？”

sū shì bìng méi zhù yì dào wáng ān shí gāng gāng
苏轼并没注意到王安石刚刚
liǎn sè de biàn huà tīng dào wáng ān shí zhè yàng shuō
脸色的变化，听到王安石这样说，
biàn duì wáng ān shí gǒng gong shǒu xíng le gè lǐ shuō
便对王安石拱拱手，行了个礼，说
dào nà gǎn wèn zǎi xiàng dà ren shì fǒu zhī dào bān
道：“那敢问宰相大人是否知道‘斑
jiū de jiū zì
鸠’的‘鸠’字，
yǒu shén me diǎn gù a
有什么典故啊？”

wáng ān shí yì shí
王安石一时

没想出来，以为苏轼有什么高见，于是很恭敬地向苏轼请教。苏轼笑笑说：“鸠由‘九’和‘鸟’组成。而《诗经》中说‘鸤鸠在桑，其子七兮’，您看鸠有七个孩子，再加上父母两个，不就正好可以解释成九只鸟吗？”

这解释未免也太牵强了吧，鸠怎么可能是“九只鸟”的意思呢？王安石这才明白，原来苏轼这样说，实际上是在讽刺他之前所作的解释毫无道理。王安石没想到苏轼竟敢如此羞辱自己，非常生气，但碍于颜面，他强忍着没有发作，不过心中对苏轼已经非常反感。

哪知，苏轼却意犹未尽，想起王安石曾经在他的《字说》一书中提到对“笃”字

de lǐ jiě rèn wéi dǔ yóu mǎ
的理解，认为“笃”由“马”
hé zhú zǔ chéng biàn kě yǐ lǐ jiě wéi
和“竹”组成，便可以理解为
yòng zhú biān zi dǎ mǎ sū shì yú shì jiè tí
“用竹鞭子打马”。苏轼于是借题
fā huī dà ren céng rèn wéi dǔ shì yòng zhú biān zi dǎ mǎ
发挥：“大人曾认为‘笃’是用竹鞭子打马，
nà xiào yóu zhú hé quǎn zǔ chéng gǎn wèn dà ren yòng
那‘笑’由‘竹’和‘犬’组成，敢问大人用
zhú biān zi dǎ gǒu yǒu shén me kě xiào de
竹鞭子打狗有什么可笑的？”

wáng ān shí tīng hòu méi yǒu zài shuō huà zhǐ shì méi guò
王安石听后，没有再说话。只是没过
duō jiǔ tā jiù jiè gù jiāng sū shì biǎn dào hú zhōu qù le
多久，他就借故将苏轼贬到湖州去了。

秀才像和尚

yīn wèi tuī xíng biàn fǎ wáng ān shí xiān hòu liǎng cì bèi bà
因为推行变法，王安石先后两次被罢
xiàng zài jiā shàng ài zǐ wáng páng bìng shì wáng ān shí xīn huī yì
相，再加上爱子王雱病逝，王安石心灰意
lěng jué dìng cóng cǐ yuǎn lí cháo zhèng qián xīn yán jiū xué wen yú
冷，决定从此远离朝政，潜心研究学问，于
shì tā tuì yǐn dào le jīn líng jīn jiāng sū shěng nán jīng shì
是他退隐到了金陵(今江苏省南京市)。

wáng ān shí dāng shí yǐn jū zài zhōng shān jiǎo xià tā cháng
王安石当时隐居在钟山脚下，他常
cháng qí zhe xiǎo máo lǘ dào fù jìn de dìng lín ān hé sì li de
常骑着小毛驴到附近的定林庵和寺里的
zhù chí tán fó lùn dào yì lái èr qù biàn yǔ sì li hé shang shú
住持谈佛论道，一来二去便与寺里和尚熟
xi qǐ lái wèi le liáo tiān fāng biàn yě wèi wáng ān shí yǒu gè
悉起来。为了聊天方便，也为王安石有个
qīng jìng chù dú shū sì li zhuān mén gěi tā shōu shi le yì jiān sēng
清净处读书，寺里专门给他收拾了一间僧

舍。王安石的《字说》就是在这里编撰而成的。

有一次，著名的书画家米芾前去拜访王安石。二人边喝茶边聊天，在谈到著书立说一事时，米芾故作神秘地说：“听说老先生正潜心研究学问，写了一部《字说》，从文字结构的角度解说古人造字的原理。是否真有此事？”王安石笑了笑，拱拱手说：“确有此事。”米芾也拱了拱手，接着说：“那正好我有这方面的问题请教。有人借《莺莺传》写了一首字谜诗，我想了很久也没猜出谜底，不知先生是否能帮忙解答啊？”说完便随口吟道：

莺莺小姐去上香，香头插在几案上，
远看好似张秀才，近看却是一和尚。

wáng ān shí
王安石
tīng wán zhī dào mǐ
听完，知道米
fú zài tiáo kǎn zì jǐ
芾在调侃自己。
yě bú zuò dá jìng kuā zàn
也不作答，竟夸赞
dào shī zhōng yǒu qíng yǒu jǐng yǒu rén yǒu
道：“诗中有情有景，有人有
shì zì li xíng jiān dōu tòu zhe yōu mò miào shí zài shì miào
事，字里行间都透着幽默。妙，实在是妙
a mǐ fú jiàn zhuàng máng cuī cù wáng ān shí nín jiù bié
啊。”米芾见状 忙催促王安石：“您就别
kuā shī le dào shì kuài shuō dá àn a wáng ān shí kàn le yì
夸诗了，倒是快说答案啊。”王安石看了一
yǎn mén wài zhèng zài sǎo dì de hé shang xiào zhe shuō wǒ tiān tiān
眼门外正在扫地的和尚，笑着说：“我天天
yǔ tā men xiāng chǔ zěn me huì cāi bù chū lái ne shì tū
与他们相处，怎么会猜不出来呢？是‘秃’
zì shuō wán èr rén bù yuē ér tóng de hā hā dà xiào qǐ lái
字。”说完，二人不约而同地哈哈大笑起来。

yuán lái xiāng tóu chā zài jī àn shang xiāng zì shàng
原来，“香头插在几案上”，“香”字上
bàn bù hé fàng zài jī àn zhōng de jī shàng miàn qià hǎo
半部“禾”放在“几案”中的“几”上面恰好
jiù shì tū yīn wèi tū hé xiù zì xíng xiāng sì
就是“秃”。因为“秃”和“秀”字形相似，
zhè cái yǒu yuǎn kàn hǎo sì zhāng xiù cai de shuō fǎ
这才有“远看好似张秀才”的说法。

“三白”饭与“三毛”饭

yí rì sū shì yǔ péng you liú gòng fǔ zài yì qǐ xián liáo
一日，苏轼与朋友刘贡父在一起闲聊，
èr rén tán qǐ le gè zì xiǎo shí hou de yì xiē qù shì
二人谈起了各自小时候的一些趣事。

sū shì shuō nà shí hou mǔ qīn chéng fū rén pà tā men xiōng
苏轼说那时候，母亲程夫人怕他们兄
dì yǎng chéng jiāo qì de máo bìng jiù yǒu yì shí de mó liàn tā
弟养成娇气的毛病，就有意识地磨练他
men ràng tā men tiān tiān chī sān bái fàn xiàn zài xiǎng xiang
们，让他们天天吃“三白”饭，现在想想，
zhè sān bái fàn wèi dào hái zhēn shì tǐng měi de liú gòng fǔ
这“三白”饭味道还真是挺美的。刘贡父
cóng lái méi yǒu tīng shuō guò shì jiān hái yǒu zhè zhǒng fàn gǎn jǐn zhuī
从来没有听说过世间还有这种饭，赶紧追
wèn zhè sān bái fàn shì shén me shān zhēn měi wèi kàn zhe liú
问这“三白”饭是什么山珍美味。看着刘
gòng fǔ yào liú kǒu shuǐ de yàng zi sū shì hā hā dà xiào qǐ lái
贡父要流口水的样子，苏轼哈哈大笑起来：

“这‘三白’饭虽然好吃，做法却很简单，就是一撮盐、一碟白萝卜和一碗白米饭。”刘贡父听后恍然大悟，也跟着大笑，原来“三白”饭是这些东西啊。

过了很长一段时间，苏轼几乎都忘掉这件事了。突然有一天，刘贡父派人送来请帖，说要在自己家里宴请苏轼，请苏轼吃“皛”饭。

苏轼也没有多想，如约前往。到了之后，见桌上只有一撮盐、

一碟白萝卜和一碗白米饭，马上明白了刘贡父所谓的“皛”饭的意思。苏轼也不多说，欣然落座，与刘贡父共享“皛”饭。

饭后，苏轼告辞出来，临别时他郑重其事地对刘贡父说：“明日我也要在家设‘毳’饭回请您，还希望您能按时赴约。”见苏轼如此说，刘贡父也爽快地答应，心想：不知苏轼这“毳”饭又是什么花样。

第二天，刘贡父如约来到苏轼家中。二人在桌边坐下，天南海北、诗词歌赋聊了起来。眼看时间也不早了，还没有饭菜端上来，刘贡父着急地说：“快把你的‘毳’饭端上来吧，我早就饿了。”苏轼听了，只是笑。刘贡父似乎看出了点什么，说：“哦，看你笑得这样诡秘，是不是这‘毳’饭是戏

nòng wǒ de a tīng liú gòng fǔ zhè me yì shuō sū shì zhè
弄我的啊？”听刘贡父这么一说，苏轼这
cái kāi kǒu dào yán yě mǎo bái luó bo yě mǎo bái mǐ fàn
才开口道：“盐也冇，白萝卜也冇，白米饭
yě mǎo yuán lái mǎo jiù shì méi yǒu de yì si sū
也冇。”原来“冇”就是“没有”的意思，苏
shì qiǎo yòng mǎo yǔ máo dú yīn xiāng sì bǎ sān gè máo
轼巧用“冇”与“毛”读音相似，把三个“毛”
luò qǐ lái zǔ chéng le cuì zì qǐng liú gòng fǔ lái chī
摞起来，组成了“毳”字。请刘贡父来吃
cuì fàn bú guò shì yǔ tā kāi de yí gè wán xiào
“毳”饭，不过是与他开的一个玩笑。

liú gòng fǔ tīng hòu pěng fù dà xiào qǐ lái sū shì zhè cái
刘贡父听后捧腹大笑起来，苏轼这才
ràng jiā rén bǎi shàng zǎo yǐ bèi hǎo de fàn cài
让家人摆上早已备好的饭菜。

主客同吃半“鲁”宴

佛印是北宋有名的僧人，他学识渊博，经常出入苏轼家，与苏轼品茶吃饭、谈诗论词。渐渐的，二人成了无话不谈的好朋友，相互之间也经常开一些玩笑。

一天，苏轼正在读书，忽然看到一个“鲁”字，脑子里顿时冒出一个想法。于是他写了份请帖，派人送去寺庙给佛印，说明天要在家里设半“鲁”宴招待他。佛印何等聪明，一看就明白是什么意思，心想：

sū dà cái zǐ zhè cì nǐ de jì móu pà shì yào luò kōng le
“苏大才子，这次你的计谋怕是要落空了。”

dì èr tiān fó yìn zài sì miào li chī guò fàn hòu àn
第二天，佛印在寺庙里吃过饭后，按
shí lái dào sū shì jiā zhǐ jiàn sū shì zǎo yǐ jīng bèi hǎo le
时来到苏轼家。只见苏轼早已经备好了
yàn xí yì tiáo wán zhěng de yú ér qiě sè xiāng wèi jù quán
宴席：一条完整的鱼，而且色香味俱全。
sū shì rè qíng de zhāo hu fó yìn zuò xià hòu jiù dà kǒu dà kǒu
苏轼热情地招呼佛印坐下后，就大口大口
de chī qǐ lái yì biān chī yì biān tōu tōu ná yǎn jing piǎo fó
地吃起来。一边吃一边偷偷拿眼睛瞟佛
yìn xīn xiǎng bù chī hūn de hé shang
印，心想：“不吃荤的和尚，
shàng dàng le ba kàn zhè huí bú è biǎn
上当了吧？看这回不饿扁
nǐ děng sū shì fēng juǎn cán yún chī wán
你。”等苏轼风卷残云吃完
yú lián shēng kuā zàn zhēn hǎo chī de shí
鱼，连声夸赞“真好吃”的时

候，佛印慢吞吞地说："其实我早就猜到你的心思了，所以我是吃过饭才来的。"说完二人会心地哈哈大笑起来。原来这"鲁"字去掉下半部的"日"，就剩下上半部的"鱼"字，这半鲁宴实际就是全鱼宴。

笑过之后，佛印接着说："明天我也设半'鲁'宴招待你，还请赏光赴宴啊。"原来，在看苏轼吃鱼的时候，佛印也想出来了一个"回报"苏轼的办法。听佛印说他也设半"鲁"宴招待自己，苏轼想，光吃鱼也不错，于是便痛快地答应了。

第二天，苏轼来到寺里，见佛印早已在院中摆了张桌子，坐在桌旁等着他。于是，苏轼也坐了下来。二人谈天论地，谈古论今，兴致高昂，转眼间太阳已经偏

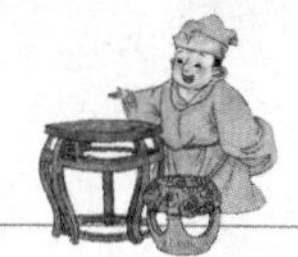

xī què chí chí bú jiàn yǒu yú duān shàng lái sū shì shí zài àn
西，却迟迟不见有鱼端上来。苏轼实在按
nà bú zhù le wèn fó yìn zěn me hái bù kāi yàn a
捺不住了，问佛印：“怎么还不开宴啊？”
fó yìn huí dá shuō wǒ men bú shì zǎo kāi yàn le ma yí
佛印回答说：“我们不是早开宴了吗？”一
jù huà tí xǐng le sū shì tā zhè cái huǎng rán dà wù hái méi
句话提醒了苏轼，他这才恍然大悟。还没
děng sū shì kāi kǒu zhǐ tīng fó yìn shuō dào zuó tiān chī le
等苏轼开口，只听佛印说道：“昨天吃了
lǔ de shàng bàn bù jīn tiān jiù zhǐ néng chī xià bàn bù le
‘鲁’的上半部，今天就只能吃下半部了。”
shuō wán èr rén bù yuē ér tóng de hā hā dà xiào qǐ lái
说完，二人不约而同地哈哈大笑起来。

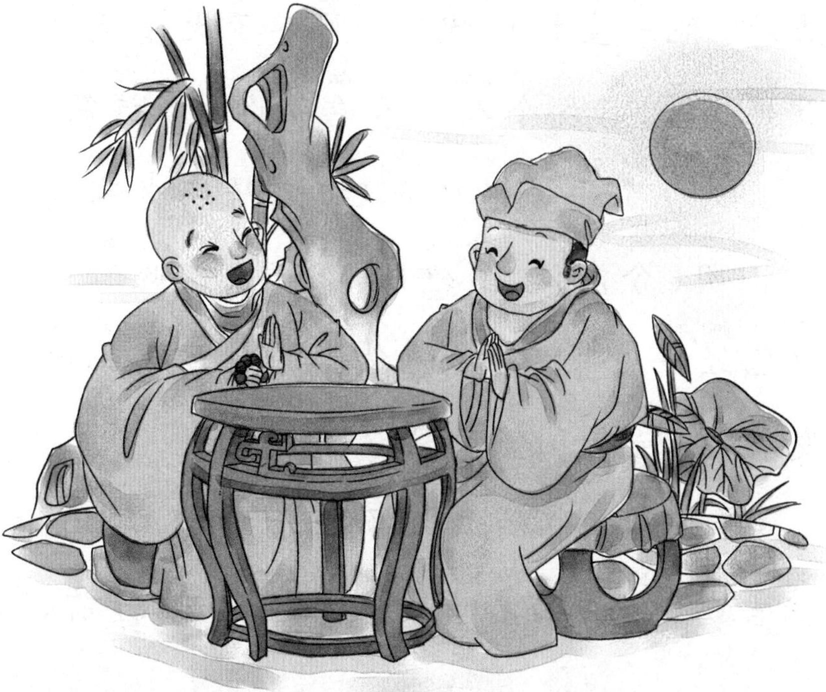

陆游巧借字谜教子

nán sòng shí qī yǒu yí wèi zhù míng de ài guó shī rén
南宋时期，有一位著名的爱国诗人——
lù yóu tā yì shēng yōu guó yōu mín xiě xià le dà liàng fǎn yìng
陆游，他一生忧国忧民，写下了大量反映
bǎi xìng jí kǔ shū fā gè rén zhèng zhì bào fù de ài guó shī piān
百姓疾苦、抒发个人政治抱负的爱国诗篇。

lù yóu wǎn nián gào lǎo hái xiāng hòu dìng jū zài lǎo jiā yuè
陆游晚年告老还乡后，定居在老家越
zhōu shān yīn jīn zhè jiāng shěng shào xīng shì suī rán cǐ shí de
州山阴（今浙江省绍兴市）。虽然此时的
tā yǐ jīng nián guò bàn bǎi dàn yī rán shí fēn guān zhù guó jiā de
他已经年过半百，但依然十分关注国家的
fā zhǎn pàn wàng zhe guó fù mín qiáng
发展，盼望着国富民强。

yǒu yì nián tā de èr ér zi lù zǐ lóng yào lí jiā qián
有一年，他的二儿子陆子龙要离家前
wǎng jí zhōu jīn jiāng xī shěng jí ān shì fù rèn lín xíng qián
往吉州（今江西省吉安市）赴任。临行前，

lù yóu shè yàn wèi ér zi jiàn xíng jiǔ guò sān xún lù yóu yòu
陆游设宴为儿子饯行。酒过三巡，陆游又
xiǎng qǐ le jiā guó zhī shì jīn bu zhù lǎo lèi zòng héng děng qíng
想起了家国之事，禁不住老泪纵横。等情
xù huǎn hé xià lái tā mǒ mo yǎn jiǎo de lèi shuǐ yì liǎn yán
绪缓和下来，他抹抹眼角的泪水，一脸严
sù de kàn zhe ér zi rèn zhēn de shuō nǐ shàng rèn hòu duì
肃地看着儿子，认真地说："你上任后，对
yú shè jí guó jiā fā zhǎn de zhòng yào wèn tí wàn bù kě mǎ hu
于涉及国家发展的重要问题，万不可马虎
dà yì yí dìng yào lín wēi bú jù zì lì zì qiáng zuò gè shòu
大意，一定要临危不惧、自立自强，做个受
bǎi xìng jìng zhòng hé ài dài de hǎo guān
百姓敬重和爱戴的好官。"

shuō dào zhè lǐ tā yòu xiǎng qǐ zì jǐ nián qīng shí zài sì
说到这里，他又想起自己年轻时在四
chuān zuò mù liáo shí de yí duàn jīng lì nà shí tā jīng cháng suí
川做幕僚时的一段经历。那时，他经常随

jūn duì shēn rù sì chuān shǎn
军队深入四川、陕

xī yí dài de shēn shān tàn
西一带的深山探

chá dí qíng yǒu yí cì tàn chá dí
查敌情。有一次，探查敌

qíng huí lái de lù shang jǐ gè rén háo wú fáng bèi tū rán yì
情回来的路上，几个人毫无防备，突然一

zhī lǎo hǔ cóng shù lín zhōng hǒu jiào zhe tiào le chū lái jìng zhí pū
只老虎从树林中吼叫着跳了出来，径直扑

xiàng tā men tóng xíng de shì bīng dōu bèi xià dāi le ér lù yóu
向他们。同行的士兵都被吓呆了，而陆游

què háo bú wèi jù gǎn jǐn dā jiàn wān gōng sōu de yì shēng xiàng
却毫不畏惧，赶紧搭箭弯弓“嗖”的一声向

lǎo hǔ shè qù yí jiàn zhèng zhòng lǎo hǔ yān hóu lù yóu jīng cháng
老虎射去，一箭正中老虎咽喉。陆游经常

ná zhè shì lái jiào yù zì jǐ de hái zi yāo qiú tā men bù jǐn
拿这事来教育自己的孩子，要求他们不仅

yào liàn hǎo běn lǐng yù shì hái yào chén zhuó lěng jìng jīn tiān tā
要练好本领，遇事还要沉着冷静。今天他

yòu wèn ér zi shì fǒu hái jì de zhè ge gù shi ér zi zhèng zhòng
又问儿子是否还记得这个故事，儿子郑重

de shuō zhōng shēng nán wàng
地说：“终生难忘。”

此情此景，让陆游突然来了灵感，随口吟出四句字谜诗来：

头戴四方帽，
身背一张弓，
问君何处去，
深山捉大虫。

陆子龙听后，一下子便猜出了谜底：“父亲，您诗中隐含的是‘强’字，对吧？孩儿一定时刻铭记您老人家的教诲，不但要自‘强’，而且还要国‘强’、民‘强’。”

陆游见儿子如此聪敏，这么快就领会了自己的心意，使劲地拍了拍儿子的肩膀，欣慰地说道：“老父正是希望你能自立自强，为国为民建功立业啊！”

张士诚与“了”字

zhāng shì chéng shì yuán cháo mò nián de nóng mín qǐ yì lǐng xiù
张士诚是元朝末年的农民起义领袖，
hòu lái jiàn lì dà zhōu zhèng quán zì chēng chéng wáng
后来建立大周政权，自称“诚王”。

tā chēng wáng hòu bù jiǔ yì tiān dào chéng tiān sì qù kàn
他称王后不久，一天到承天寺去，看
dào chéng tiān sì de biǎn é fēi cháng chén jiù xīn xiǎng zì jǐ gāng
到承天寺的匾额非常陈旧，心想自己刚
gāng chēng wáng miào mén shang de biǎn é yě děi huàn gè xīn de yǐ
刚称王，庙门上的匾额也得换个新的，以
shì wàn xiàng gēng xīn yú shì biàn zhào jí zhòng duō wén rén lái tí xiě
示万象更新，于是便召集众多文人来题写
chéng tiān sì zhè sān gè zì
“承天寺”这三个字。

dì yī gè rén tí bǐ zài shǒu zì xìn mǎn mǎn kě gāng
第一个人提笔在手，自信满满，可刚
gāng xiě wán chéng zì de le zì páng zhāng shì chéng biàn bó
刚写完“承”字的“了”字旁，张士诚便勃

rán dà nù yě
然大怒，也
bù jiě shì yuán
不解释原
yīn jiù bǎ nà
因，就把那
rén gěi shā le
人给杀了。
rán hòu yòu ràng dì èr gè rén xiě hé dì yī gè rén yí yàng
然后又让第二个人写，和第一个人一样，
zhè rén yě zhǐ xiě wán le zì páng jiù bèi shā le jiù zhè
这人也只写完“了”字旁就被杀了。就这
yàng yì lián jǐ gè rén dōu bù míng yuán yīn de bèi shā yì shí jiān
样一连几个人都不明原因地被杀，一时间
rén xīn huáng huáng shéi yě bù gǎn zài xià bǐ xiě le
人心惶惶，谁也不敢再下笔写了。

páng biān yǒu gè dú shū rén kàn chū le qí zhōng de mén dao
旁边有个读书人看出了其中的门道，
biàn shàng qián shuō zì jǐ xiǎng shì yí shì zhòng rén dōu tì tā niē
便上前说自己想试一试。众人都替他捏
le yì bǎ hàn kě zhè rén què yì diǎn er yě bú hài pà yí
了一把汗，可这人却一点儿也不害怕，一
fù shèng quàn zài wò de yàng zi tā xiān luò bǐ xiě le gè wáng
副胜券在握的样子。他先落笔写了个“王”
zì tái tóu kàn kan zhāng shì chéng jiàn zhāng shì chéng liǎn shang bú dàn
字，抬头看看张士诚，见张士诚脸上不但
méi yǒu le nù sè fǎn ér yǒu le xiào yì yú shì tā kěn dìng
没有了怒色，反而有了笑意，于是他肯定
le zì jǐ gāng cái de cāi xiǎng xīn zhōng gèng yǒu bǎ wò le zhǐ
了自己刚才的猜想，心中更有把握了。只

见他在写完“王”字后，又落笔写了左边的“㇇”，右边的“く”，然后是上边的“乛”，中间的“亅”。就这样一个“承”字写完了。

坐在一旁的张士诚看后非常开心，禁不住哈哈大笑起来：“前面那几个偏不这么写，活该被杀。我刚刚登基做了皇帝就诅咒我‘了’了，不杀怎么能解我心中之恨？”接着他又转身看着这位读书人，夸奖道：“还是你聪明，了解我的心思。先称赞我称王，又称赞我左有文臣右有武将，再称赞我戴着平定的王冠，帝位永固，一贯到底。”

说话间，那位读书人正好把余下的两个字也写完了。张士诚看后连声叫好，并让人重重地赏赐了他。

多疑的朱元璋

míng cháo de kāi guó huáng dì zhū yuán zhāng zài dāng huáng dì
明朝的开国皇帝朱元璋，在当皇帝
yǐ qián céng jīng zuò guò hé shang suǒ yǐ duì yì xiē dé dào gāo sēng
以前曾经做过和尚，所以对一些得道高僧
hěn shì jìng zhòng zhū yuán zhāng shēng xìng duō yí zǒng pà bié rén
很是敬重。朱元璋生性多疑，总怕别人
zài shī wén zhōng fěng cì màn mà zì jǐ suǒ yǐ jǐn guǎn tā wén
在诗文中讽刺谩骂自己，所以，尽管他文
huà chéng dù bù gāo dàn shì hěn xǐ huan zài bié rén de shī wén
化程度不高，但是很喜欢在别人的诗文
zhōng tiāo zì yǎn er rú guǒ tā jué de qí zhōng mǒu yí jù huà
中挑字眼儿。如果他觉得其中某一句话
huò mǒu gè zì yǒu sī háo zǔ zhòu zì jǐ de yì si jiù huì háo
或某个字有丝毫诅咒自己的意思，就会毫
bù liú qíng de bǎ zuò zhě shā diào
不留情地把作者杀掉。

céng jīng yǒu yí wèi hé zhū yuán zhāng yì qǐ chū jiā de sēng
曾经有一位和朱元璋一起出家的僧

人，法号来复。他非常擅长写诗，素有诗僧之称。有一次，朱元璋在皇宫中宴请他。酒酣之际，来复诗兴大发，随即赋诗一首，表达自己对皇帝的感激之情。他的诗是这样写的：

淇园花雨晓吹香，手挽袈裟近御床。
阙下彩云移雉尾，座中红□动龙光。
金盘苏合来殊域，玉碗醍醐出上方。
稠叠滥承天上赐，自惭无德颂陶唐。

这首诗本是称赞朱元璋的，把朱元璋比作远古时期的圣君陶唐（即尧帝）。谁知朱元璋却并不领情，反而抓住个别字眼死磕。

比如，第三联的“金盘苏合来殊域”意思是说“金盘子里盛的苏合香料都来自不同的地方”，可“殊”这个字却让朱元璋大为恼火。他认为：“殊”拆开以后就是“歹”和“朱”，“歹”就是“死”的意思，“朱”就是我朱元璋，他这是诅咒我快点死啊，这还了得。而且最后一句还用“无德”来影射我没有德行。于是朱元璋大怒，让人把这个给他歌功颂德的诗僧杀了。

可怜这和尚本想讨好皇上，却不想弄巧成拙，成了朱元璋的刀下鬼。

解缙题诗猜字谜

明朝的解缙是出了名的大才子。他才思敏捷，常常出口即能成诗，不过，他的有些诗句却让人听后哭笑不得。

洪武二十一年（公元1388年）解缙参加完进士考试，回家等待消息。这天，解缙正在家中看书，忽有报子来报，说他考中了进士。得此喜讯，解缙高兴不已，赶紧去向亲朋好友报告这个好消息。谁知，他刚跑出家门没多久，天就下起雨来。解

jìn lù guò yì jiā cí qì diàn pù de shí hou bù xiǎo xīn jiǎo dǐ
缙路过一家瓷器店铺的时候，不小心脚底
yì huá shuāi dǎo zài dì lián shēn shang chuān de cháng páo yě bèi sī
一滑，摔倒在地，连身上穿的长袍也被撕
liè le yí gè dà kǒu zi kě tā hún rán bù jué xiè jìn pá
裂了一个大口子，可他浑然不觉。解缙爬
qǐ lái hòu wú nài zhǐ dé yì qué yì guǎi de zǒu jìn diàn pù zàn
起来后，无奈只得一瘸一拐地走进店铺暂
shí bì bi yǔ
时避避雨。

xiè jìn shuāi jiāo zhè yí mù zhèng qiǎo bèi diàn zhōng yì qún rén
解缙摔跤这一幕正巧被店中一群人
kàn dào dà jiā fēn fēn xiào gè bù tíng
看到，大家纷纷笑个不停。
diàn zhǔ rén yǔ xiè jìn hěn shú xi tā jiàn
店主人与解缙很熟悉，他见
xiè jìn rú cǐ láng bèi jiù yì
解缙如此狼狈，就一
biān gěi xiè jìn ān pái zuò
边给解缙安排座
wèi yì biān wèn tā wèi hé
位，一边问他为何
yào mào yǔ wài chū
要冒雨外出。

解缙便把考中进士的事一五一十地说了。

店主人觉得机会难得，忙拿来纸笔，请新科进士为小店题首诗留作纪念。解缙也没有推辞，想到刚才众人取笑自己摔跤一事，提笔便写道：

春雨贵如油，下得满街流。
跌倒解学士，笑煞一群牛。

大伙儿一看，知道解缙这是在挖苦他们，便不高兴了，纷纷说解缙没气量。店主赶紧打圆场：“大伙不是笑你摔跤，是笑你长袍后面撕了一道口子。”解缙回头一看，果然如此，自己不好意思起来。

这时，店主的女儿找来针线，上前对解缙笑笑，说：“先生，您的诗真不错，但刚才我也笑了，似乎我也成了这‘一群牛’

zhōng de yí gè qià qiǎo wǒ yǒu shǒu zì mí shī nín yào cāi
中的一个。恰巧，我有首字谜诗，您要猜
zhòng le wǒ jiù wèi nín féng bǔ páo zi yào cāi bú zhòng nín jiù
中了，我就为您缝补袍子；要猜不中，您就
děi xiàng wǒ men dào qiàn nín gǎn jiē shòu wǒ de tiǎo zhàn ma
得向我们道歉。您敢接受我的挑战吗？”
yuán lái zhè gū niang yě shì gè cái nǚ shì qing dào le zhè ge
原来这姑娘也是个才女。事情到了这个
fèn shang nǎ yǒu bù dā ying de dào lǐ zhǐ tīng gū niang yín dào
分上，哪有不答应的道理。只听姑娘吟道：

tiān yǔ lù chéng gōu diē qiāo yì zhī gǒu
天雨路成沟，跌跷一只狗。

cǐ mí ruò dé jiě rèn nǐ mà wǒ niú
此谜若得解，任你骂我牛。

xiè jìn yì tīng xīn xiǎng wǒ mà rén jia shì niú rén jia
解缙一听，心想，我骂人家是牛，人家
jìng mà wǒ shì gǒu zàn qiě bú lùn shī de nèi róng xiān cāi zì
竟骂我是狗。暂且不论诗的内容，先猜字
mí ba xiè jìn shāo zuò sī kǎo shuō gū niang zhè zì shì
谜吧。解缙稍作思考，说：“姑娘这字是
yóu dì yī jù shì shuō zhè zì hé tiān zì xíng jiē jìn
‘尤’。第一句是说这字和‘天’字形接近，
dì èr jù shì shuō tā hé quǎn zì xíng jiē jìn gū niang zhēn
第二句是说它和‘犬’字形接近。姑娘真
shì gāo míng a
是高明啊！”

diàn li de rén tīng hòu dōu àn zì pèi fú èr rén de cái
店里的人听后，都暗自佩服二人的才
zhì gū niang yě zài xiào shēng zhōng wèi xiè jìn féng hǎo le páo zi
智，姑娘也在笑声中为解缙缝好了袍子。

诙谐幽默的冯梦龙

féng mèng lóng shì míng cháo de dà wén xué jiā tā wéi rén huī
冯梦龙是明朝的大文学家，他为人诙
xié yōu mò tè bié ài hào zuò zì mí shī
谐幽默，特别爱好作字谜诗。

yǒu yì tiān tā dào lǎo péng you yè zhòng sháo jiā xiǎng yāo
有一天，他到老朋友叶仲韶家，想邀
qǐng duì fāng dào zì jǐ jiā hē chá liáo tiān shùn biàn gěi zì jǐ de
请对方到自己家喝茶聊天，顺便给自己的
zuò pǐn tí ti yì jiàn
作品提提意见。

yè zhòng sháo dé zhī hòu xīn rán qián wǎng liǎng rén lí kāi yè
叶仲韶得知后欣然前往，两人离开叶
jiā biān zǒu biān tán zài yí gè guǎi jiǎo kǒu měng rán kàn jiàn yǒu
家，边走边谈，在一个拐角口，猛然看见有
gè zhān bǔ suàn mìng de xiān sheng zhèng duì wéi zài tān qián de rén tāo
个占卜算命的先生，正对围在摊前的人滔
tāo bù jué de shuō zhe shén me féng mèng lóng píng shí zuì hèn zhè
滔不绝地说着什么。冯梦龙平时最恨这

xiē suàn mìng xiān sheng rèn wéi tā men zhǐ zhī dào kào hú zhōu bā chě
些算命先生，认为他们只知道靠胡诌八扯
piàn rén qián cái dàn shì yīn wèi dāng shí tā zhèng zài xiě sān
骗人钱财。但是因为当时他正在写《三
yán qí zhōng yì piān zhèng hǎo shì guān yú suàn mìng xiān sheng de
言》，其中一篇正好是关于算命先生的，
yú shì tā xiǎng jiè jī sōu jí diǎn sù cái biàn pò tiān huāng de
于是，他想借机搜集点素材，便破天荒地
zhàn zài yì páng jìng jìng tīng suàn mìng xiān sheng xiā chě
站在一旁静静听算命先生瞎扯。

kě shì yuè tīng yuè jué de bú kào pǔ tā zhōng yú àn nà
可是越听越觉得不靠谱，他终于按捺
bú zhù duì suàn mìng xiān sheng shuō jì rán nǐ suàn de nà me
不住，对算命先生说：“既然你算得那么
zhǔn bù rú wǒ shuō gè zì mí nǐ lái cāi cai nǐ rú guǒ cāi
准，不如我说个字谜你来猜猜，你如果猜
duì le wǒ jiù chéng rèn nǐ bú shì zài piàn rén
对了，我就承认你不是在骗人。”

suàn mìng xiān sheng zhèng tuò mò héng fēi shuō
算命先生正唾沫横飞，说

de qǐ jìn tū rán bèi rén dǎ duàn xīn zhōng bù miǎn yǒu xiē shēng
得起劲，突然被人打断，心中不免有些生
qì méi hǎo qì de shuō nǐ shuō ba bù guǎn shén me yàng de
气，没好气地说：“你说吧，不管什么样的
zì mí dōu nán bù dǎo wǒ
字谜都难不倒我。”

nà hǎo nǐ tīng zhe féng mèng lóng mǎ shàng jiē kǒu shuō
“那好，你听着。”冯梦龙马上接口说，
shàng wú bàn piàn zhī wǎ xià wú lì zhuī zhī dì yāo jiān guà gè
“上无半片之瓦，下无立锥之地，腰间挂个
hú lu zuǐ li yīn yáng guài qì
葫芦，嘴里阴阳怪气。”

féng mèng lóng gāng shuō wán zhōu wéi bù shǎo rén yǐ jīng míng bai
冯梦龙刚说完，周围不少人已经明白，
zhè shì féng mèng lóng zài fěng cì miàn qián zhè ge xìn kǒu kāi hé de
这是冯梦龙在讽刺面前这个信口开河的
suàn mìng xiān sheng kě shì suàn mìng xiān shēng xiǎng le hǎo yí huì er
算命先生。可是算命先生想了好一会儿，
yě méi dé chū dá àn dàn tā cóng zhè shǒu zì mí shī de nèi róng
也没得出答案，但他从这首字谜诗的内容
yǐ jí zhòng rén de xiào shēng zhōng yǐ jīng míng bai le jǐ fēn dàn
以及众人的笑声中，已经明白了几分，但
shì tā réng rán qiáng zhuāng zhèn dìng de shuō shén me pò zì mí shī
是他仍然强装镇定地说：“什么破字谜诗，
jiǎn zhí gǒu pì bù tōng nǐ shuō shuo dào dǐ shì shén me
简直狗屁不通。你说说到底是什么？”

féng mèng lóng hā hā dà xiào dào zhòng rén dōu míng bai le
冯梦龙哈哈大笑道：“众人都明白了，
jiù nǐ bù zhī dào a mí dǐ jiù shì nǐ zhān bǔ de bǔ
就你不知道啊。谜底就是你‘占卜’的‘卜’

a suàn mìng xiān sheng dùn shí xiū de wú dì zì róng huāng máng
啊。”算命先生顿时羞得无地自容，慌忙
zài zhòng rén de xiào shēng zhōng shōu shi tān zi táo diào le
在众人的笑声中收拾摊子逃掉了。

féng mèng lóng biàn hé péng you yí kuài jì xù wǎng jiā zǒu hěn
冯梦龙便和朋友一块继续往家走，很
kuài tā men jiù dào le jìn le shū fáng féng mèng lóng gǎn jǐn
快，他们就到了。进了书房，冯梦龙赶紧
duì wū zhōng de liǎng gè shū tóng fēn fù dào kuài dào kè tīng qù
对屋中的两个书童吩咐道：“快到客厅去
qǔ yí yàng dōng xi lái
取一样东西来。”

xiān sheng yào shén me qí zhōng yí gè wèn
“先生要什么？”其中一个问。

yǒu miàn wú kǒu yǒu jiǎo wú shǒu yòu hào chī ròu yòu
“有面无口，有脚无手；又好吃肉，又
hào chī jiǔ féng mèng lóng huí dá dào
好吃酒。”冯梦龙回答道。

hǎo de shū tóng tiān tiān yǔ féng mèng lóng zài yì qǐ
“好的。”书童天天与冯梦龙在一起，
shí jiān yì cháng yě xué dào le bù shǎo cāi mí de běn shi tā
时间一长，也学到了不少猜谜的本事，他
men lǐng mìng ér qù
们领命而去。

bù yí huì er liǎng gè shū tóng tái lái le yì zhāng zhuō zi
不一会儿，两个书童抬来了一张桌子。
féng mèng lóng yòu duì shū tóng shuō nǐ zài qù bǎ cǎo mù jiān rén
冯梦龙又对书童说：“你再去把草木间人
qǐng lái yè zhòng sháo bù miǎn yǒu xiē nà mèn zěn me jīn tiān hái
请来。”叶仲韶不免有些纳闷，怎么今天还

qǐng le bié rén bú guò zhè míng zi dào shì yǒu xiē gǔ guài
请了别人？不过这名字倒是有些古怪。

guò le yì xiǎo huì er zhǐ jiàn shū tóng qǔ lái le chá yè
过了一小会儿，只见书童取来了茶叶。
yè zhòng sháo zhè cái míng bai guò lái zhǐ zhe féng mèng lóng shuō nǐ
叶仲韶这才明白过来，指着冯梦龙说：“你
kě zhēn shì huī xié yōu mò a gāng cái wǒ hái bù míng bai ne
可真是诙谐幽默啊，刚才我还不明白呢。
kàn lái wǒ hái bù rú nǐ de shū tóng a
看来，我还不如你的书童啊。”

shuō wán zài chǎng de rén dōu hā hā dà xiào qǐ lái
说完，在场的人都哈哈大笑起来。

féng mèng lóng cóng zì xíng jié gòu de jiǎo dù bǎ chá zì
冯梦龙从字形结构的角度，把“茶”字
chāi chéng le cǎo zì tóu rén mù chēng zhī wéi
拆成了“艹（草字头）”“人”“木”，称之为
cǎo mù jiān rén yóu cǐ kě jiàn tā de ruì
“草木间人”，由此可见他的睿
zhì yǔ cái xué guǒ rán fēi tóng yì
智与才学果然非同一
bān a
般啊。

文必正与霍定金喜结连理

wén bì zhèng shì míng cháo de dà cái zǐ yí cì tā dào sì
文必正是明朝的大才子，一次他到寺
miào jìn xiāng wú yì zhōng yù dào qiān jīn xiǎo jiě huò dìng jīn dùn
庙进香，无意中遇到千金小姐霍定金，顿
shí duì tā chǎn shēng le hǎo gǎn wèi le néng zhuī qiú dào huò xiǎo
时对她产生了好感。为了能追求到霍小
jiě pín kǔ chū shēn de wén bì zhèng biàn mài shēn dào huò jiā wéi pú
姐，贫苦出身的文必正便卖身到霍家为仆。

tā chù chù xún zhǎo jī huì qī wàng néng dé dào huò lǎo ye
他处处寻找机会，期望能得到霍老爷
de shǎng shí yì tiān tā jiàn huò lǎo ye zài tīng táng hē chá
的赏识。一天，他见霍老爷在厅堂喝茶，
biàn shàng qián shuō dào huò lǎo ye nín de tīng táng bǎi mǎn le wén
便上前说道：“霍老爷，您的厅堂摆满了文
wù gǔ dǒng xiāng dāng huá lì qì pài dàn yī wǒ kàn lái hái quē
物古董，相当华丽气派，但依我看来，还缺
shǎo yí yàng dōng xi huò lǎo ye bìng méi zài yì xīn xiǎng yí
少一样东西。”霍老爷并没在意，心想一

个仆人能懂什么，于是随口问了一声：“你说缺什么？”文必正施了施礼，委婉地说：“老爷，这里缺一个字。如果有了这个字，既能衬托出您的高贵，还能体现厅堂的高雅。”霍老爷一听来了兴致，赶紧问：“依你看，缺什么字啊？”文必正觉得时机到了，连忙拱手说道：“我有一首诗，这个字就藏在诗中。老爷您请听！”说完，只听文必正朗声吟道：

初下江南不用刀，
大朝江山无人保；
中原危难无心坐，
思念君王把心操。

霍老爷听完，知道这是个“福”字，不禁对眼前的这个仆人刮目相看。

其实，文必正吟的是首字谜诗。第一句中“初”字，古代常写成“礻”旁，“初”去掉“刀”就是“礻”；第二句的“大”去了“人”就是“一”；第三句的“中”没有了中心就是“口”；第四句中“思”去了“心”就是“田”。四句中的“礻”“一”“口”“田”合起来就是“福”。

文必正说完，又顺手取过笔，在纸上

xiě xià fú zì huò lǎo ye lè de hé bù lǒng zuǐ lián lián
写下“福”字，霍老爷乐得合不拢嘴，连连
chēng zàn shī hǎo zì yě hǎo
称赞“诗好，字也好”。

qià qiǎo zhè shí huò xiǎo jiě cóng kè tīng lù guò kàn dào le
恰巧这时霍小姐从客厅路过，看到了
zhè yí mù bù jīn duì zhè ge nián qīng rén yǒu le jǐ fēn hǎo gǎn
这一幕，不禁对这个年轻人有了几分好感。

guò le jǐ tiān wén bì zhèng qù huò xiǎo jiě de xiù lóu
过了几天，文必正去霍小姐的绣楼——
tiān xiāng gé sòng huā huò xiǎo jiě yí jiàn shì wén bì zhèng biàn xiǎng
天香阁送花。霍小姐一见是文必正，便想
zài shì shi tā de wén cái yú shì èr rén yí gè wū lǐ yí gè
再试试他的文才，于是二人一个屋里一个
wū wài duì qǐ le duì zi
屋外对起了对子。

xiǎo jiě shuō lì bù táng zhōng yì shǐ bù dú wǎng zuò
小姐说：“吏部堂中，一史不读枉作
lì zhè shì gè zì mí chū de shí fēn qiǎo miào jù zhōng
吏。”这是个字谜，出得十分巧妙。句中
lì chāi kāi hòu jiù shì shǐ hé yī yī hé shǐ
“吏”拆开后就是“史”和“一”，“一”和“史”
hé qǐ lái jiù shì jù mò de lì zì
合起来就是句末的“吏”字。

mén wài de wén bì zhèng zhī dào xiǎo jiě zài shì tan zì jǐ
门外的文必正知道小姐在试探自己，
yú shì yě yǐ tóng yàng de fāng fǎ yìng dào tiān xiāng gé shang èr
于是也以同样的方法应道：“天香阁上，二
rén xù qíng fū wéi tiān
人叙情夫为天。”

文必正的对句更妙，“二”与“人”相合既能是“天”也能是“夫”，而且诗句中还隐含了“二人”天香阁相见的情景。

听了文必正的对句，霍小姐心中越发喜欢。正在她心生感慨的时候，外面的文必正又说道：“寄寓客家，牢守寒窗空寂寞。”他巧妙地运用“宀”旁的字连成句子，表达自己寄人篱下的心情。

霍小姐明白文必正话中的意思，也用同样的形式道出了心声：“迷途逝远，返迴达道游逍遥。”她用“辶”旁的字组成句子，表达了自己希望同文必正同回故里的愿望。文必正听后，欢喜不已。

后来，二人喜结连理，成为一对恩爱夫妻。

何瑭巧妙退敌

míng cháo zhōng hòu qī běi fāng de xiōng nú jīng cháng chū bīng
明朝中后期，北方的匈奴经常出兵
sāo rǎo dà míng dì guó de běi bù dì qū hòu lái tā men de yě
骚扰大明帝国的北部地区，后来他们的野
xīn yuè lái yuè dà yí dù hái xiǎng jìn gōng zhōng yuán dì qū
心越来越大，一度还想进攻中原地区。

zài tā men chū bīng yǐ qián xiōng nú gěi dà míng dì guó sòng
在他们出兵以前，匈奴给大明帝国送
lái yì fēng zhàn biǎo shàng miàn zhǐ xiě le sì gè zì tiān xīn qǔ
来一封战表，上面只写了四个字：天心取
mǐ mǎn cháo wén wǔ dōu bù míng bai zhè sì gè zì shì shén me
米。满朝文武都不明白这四个字是什么
yì si méi yǒu bàn fǎ huáng dì zhǐ hǎo zhāng tiē huáng bǎng zhēng
意思。没有办法，皇帝只好张贴皇榜，征
xún bó xué zhī shì duì zhè sì gè zì de lǐ jiě
询博学之士对这四个字的理解。

chū rén yì liào de shì huáng bǎng gāng tiē shàng jiù bèi gōng
出人意料的是，皇榜刚贴上，就被宫

zhōng yí gè fù zé biān xiū de xiǎo guān hé táng jiē le xià lái
中一个负责编修的小官——何塘揭了下来。

zhǐ jiàn hé táng bù huāng bù máng de shuō chén zhī dào zhè
只见何塘不慌不忙地说：“臣知道这

sì gè zì de yì si bìng yǐ xiǎng hǎo le tuì dí de bàn fǎ
四个字的意思，并已想好了退敌的办法。”

huáng dì tīng hòu xǐ chū wàng wài máng wèn
皇帝听后，喜出望外，忙问

tā dào dǐ shì shén me yì si hé táng
他到底是什么意思。何塘

zhǐ zhe zhàn biǎo shang de sì gè zì jiě shì
指着战表上的四个字解释

shuō tiān shì zhǐ wǒ men guó jiā
说：“‘天’是指我们国家，

xīn shì zhǐ wǒ men zhōng yuán
‘心’是指我们中原，

qǔ shì qiǎng duó mǐ shì
‘取’是抢夺，‘米’是

huáng shang nín de dì wèi　tiān xīn qǔ
皇上您的帝位。‘天心取

mǐ　de yì si jiù shì shuō　tā men yào chū bīng
米’的意思就是说，他们要出兵

qiǎng duó wǒ men dà míng de jiāng shān　duó qǔ huáng shang de dì wèi
抢夺我们大明的江山，夺取皇上的帝位。”

dà dǎn xiōng nú　jìng gǎn rú cǐ xiāo zhāng　huáng dì yì
“大胆匈奴，竟敢如此嚣张！”皇帝一

tīng　bó rán dà nù　zhuǎn tóu duì hé táng shuō　nǐ shuō nǐ yǒu
听，勃然大怒，转头对何瑭说，“你说你有

tuì dí de bàn fǎ　kuài shuō shuo gāi zěn me bàn　hé táng shuō
退敌的办法，快说说该怎么办？”何瑭说：

huáng shang bú yòng dān yōu　wǒ zì yǒu bàn fǎ　shuō zhe qǔ guò
“皇上不用担忧，我自有办法。”说着取过

bǐ lái　zài sì gè zì shang gè tiān jiā le yì bǐ　huáng dì kàn
笔来，在四个字上各添加了一笔，皇帝看

hòu fēi cháng gāo xìng　rán hòu jiāo huí xiōng nú de shǐ zhě
后非常高兴，然后交回匈奴的使者。

shǐ zhě bǎ zhàn biǎo dài huí qù　jiāo gěi le xiōng nú zhǔ shuài
使者把战表带回去，交给了匈奴主帅，

zhǔ shuài kàn zhàn biǎo yòu yuán fēng bú dòng de ná huí lái hái yǐ wéi
主帅看战表又原封不动地拿回来，还以为
dà míng dì guó hài pà bù gǎn yìng zhàn ne dàn dāng tā dǎ kāi
大明帝国害怕，不敢应战呢。但当他打开
zhàn biǎo yí kàn dùn shí shǎ yǎn le lì jí xià lìng qǔ xiāo jìn
战表一看，顿时傻眼了，立即下令，取消进
gōng zhōng yuán de jì huà
攻中原的计划。

jiǎn dān de sì bǐ jìng rán xià tuì le dí rén dào dǐ hé
简单的四笔竟然吓退了敌人！到底何
táng shì rú hé ràng xiōng nú zhǔ shuài dǎ xiāo qīn fàn zhōng yuán de niàn
瑭是如何让匈奴主帅打消侵犯中原的念
tou de ne yuán lái hé táng zài tiān zì zhōng jiān jiā le yí
头的呢？原来，何瑭在“天”字中间加了一
shù biàn chéng le wèi zì zài xīn zì shang tiān le yì
竖，变成了“未”字；在“心”字上添了一
piě biàn chéng le bì zì zài qǔ zì zuǒ shàng jiǎo jiā le
撇，变成了“必”字；在“取”字左上角加了
yì héng zhé biàn chéng le gǎn zì zài mǐ zì shàng fāng jiā
一横折，变成了“敢”字；在“米”字上方加
le yì héng biàn chéng le lái zì zhè yàng tiān xīn qǔ mǐ
了一横，变成了“来”字。这样“天心取米”
yí xià biàn chéng le wèi bì gǎn lái nán guài xiōng nú zhǔ shuài
一下变成了“未必敢来”。难怪匈奴主帅
jí jí chè jūn qǔ xiāo le jí jiāng fā dòng de jìn gōng jì huà ne
急急撤军，取消了即将发动的进攻计划呢。

金圣叹刑场别子

jīn shèng tàn shì míng mò qīng chū zhù míng de wén xué jiā hé wén
金圣叹是明末清初著名的文学家和文
xué píng lùn jiā tā wéi rén háo shuǎng yōu mò shùn zhì shí bā
学评论家，他为人豪爽、幽默。顺治十八
nián gōng yuán nián jīn shèng tàn yīn wèi shòu tā rén qiān
年（公元1661年），金圣叹因为受他人牵
lián mào fàn le huáng dì yào bèi chǔ yǐ jí xíng
连，冒犯了皇帝，要被处以极刑。

xíng xíng zhī rì qiū fēng xiāo sè wàn mù diāo líng xíng
行刑之日，秋风萧瑟，万木凋零。刑
chǎng shang de jīn shèng tàn áng shǒu yuǎn wàng méi yǒu sī háo de wèi
场上的金圣叹，昂首远望，没有丝毫的畏
jù tā xiàng guì zi shǒu yào lái jiǔ biān tòng yǐn biān gāo hǎn
惧。他向刽子手要来酒，边痛饮边高喊：
gē tóu shì téng tòng de yǐn jiǔ shì kuài lè de gē tóu qián
“割头，是疼痛的；饮酒，是快乐的；割头前
xiān yǐn jiǔ zhēn shì tòng kuài tòng kuài a
先饮酒，真是痛快，痛快啊！”

金圣叹的儿子来到刑场与父亲诀别，望着即将离开的老父亲，泪如泉涌。反倒是金圣叹安慰儿子：“别哭了，儿子，告诉我今天是什么日子？”儿子哽咽着说：“八月十五，中秋。”金圣叹听了仰天长笑一声，高喊：“有了，有了……”众人见状，都以为他被吓疯了。

原来，此时金圣叹想起了三年前的一件事。那天，他评点完《水浒传》《西厢记》，已是半夜时分，金圣叹趁着月色来

dào bào guó sì xiǎng zhǎo lǎo fāng zhàng liáo liao tiān
到报国寺，想找老方丈聊聊天。

èr rén xián tán yí zhèn zhī hòu qià hǎo wài miàn xiǎng qǐ le
二人闲谈一阵之后，恰好外面响起了

bāng bāng bāng de dǎ gēng shēng bù zhī bù jué yǐ jīng sān gēng
“梆梆梆”的打更声，不知不觉已经三更

le lǎo fāng zhàng suí kǒu shuō bàn yè èr gēng bàn kě
了。老方丈随口说：“半夜二更半。”可

bù sān gēng shì xiàn zài de diǎn dào líng chén diǎn bàn
不，“三更”是现在的23点到凌晨1点，半

yè diǎn bú jiù shì èr gēng bàn ma dāng shí jīn shèng
夜12点不就是“二更半”吗？当时，金圣

tàn kǔ sī míng xiǎng shǐ zhōng zhǎo bú dào hé shì de xià lián
叹苦思冥想，始终找不到合适的下联。

cǐ shí ér zi de huà ràng tā tū rán yǒu le líng gǎn tā duì ér
此时儿子的话让他突然有了灵感，他对儿

zi shuō zhōng qiū bā yuè zhōng kuài kuài qù gào su lǎo fāng
子说：“‘中秋八月中’，快，快去告诉老方

zhàng ér zi yǐ qì bù chéng shēng tīng le fù qīn de huà zhǐ
丈。”儿子已泣不成声，听了父亲的话只

néng lián lián diǎn tóu jīn shèng tàn liǎn shang duō le xiē xīn wèi
能连连点头。金圣叹脸上多了些欣慰，

xīn xiǎng zì jǐ lín sǐ qián zhōng yú méi yǒu yí hàn le
心想自己临死前，终于没有遗憾了。

xíng xíng de shí jiān yǎn kàn jiù yào dào le jīn shèng tàn kàn
行刑的时间眼看就要到了，金圣叹看

dào lèi rú quán yǒng de ér zi xīn zhōng yě shí fēn bēi tòng wèi
到泪如泉涌的儿子，心中也十分悲痛。为

le huǎn hé bēi liáng de qì fēn jīn shèng tàn dàn rán de shuō dào
了缓和悲凉的气氛，金圣叹淡然地说道：

“儿子，不要难过。我这儿有个上联，你来对对，‘莲子心中苦’。”金圣叹借“莲”与“怜”谐音，表达此刻心中无奈的苦痛之情。悲伤过度的儿子哪里还有心情对对联，只是一个劲儿地哭。金圣叹叹了口气，说：“儿子，我替你对吧。你可对‘梨儿腹内酸’。”他是借“梨”与“离”的同音来表达自己即将离开儿子时的悲痛心情。

一代才子，就这样在最后的幽默中离开了人世。

查嗣庭科场试题案

qīng cháo chū qī wèi le jiā qiáng tǒng zhì tǒng zhì zhě zài
清朝初期，为了加强统治，统治者在
quán guó fàn wéi nèi shī xíng wén zì yù yǒu hǎo duō wén rén yīn
全国范围内施行“文字狱”，有好多文人因
cǐ bèi shā zhā sì tíng jiù shì qí zhōng yí gè
此被杀，查嗣庭就是其中一个。

yōng zhèng sì nián gōng yuán nián qiū tiān zhā sì tíng
雍正四年（公元1726年）秋天，查嗣庭
shòu mìng chū rèn jiāng xī xiāng shì de zhǔ kǎo zhè cì kǎo shì yóu
受命出任江西乡试的主考。这次考试，由
zhā sì tíng fù zé chū tí tā chū de tí mù zhōng yǒu yí dào shì
查嗣庭负责出题，他出的题目中有一道是
wéi mín suǒ zhǐ yě zhèng shì zhè dào tí mù gěi tā dài lái le
《维民所止》，也正是这道题目给他带来了
miè zú zhī zāi
灭族之灾。

zhè jù huà chū zì shī jīng xuán niǎo bāng jī qiān
这句话出自《诗经·玄鸟》：“邦畿千

里，维民所止。”“维”通“为”，“止”是“住所”的意思。整句话的意思是：都邑周边千里远，都是百姓的居住地。句子合乎规范，充满了对帝王的赞颂之情，看不出什么反动的东西来，所以一直到考试结束，一切都顺顺利利的。可是，等考试结束后，查嗣庭离开江西回京城复命，刚进家门，甚至还没来得及放下行李，朝廷已经派人来抓他了。原来，他们查出查嗣庭的日记、书信里有许多狂妄悖逆之语。

案子还没有开始审，就有人借查嗣庭所出题目说事，他们对雍正皇帝说：“陛下，您的年号是‘雍正’，现在查嗣庭却拿‘维民所止’做题目，他这是别有用心啊。您看‘维’和‘止’正是‘雍’‘正’两字去了上面的头，他这是要杀您的头啊，实在是大逆不道，应该重判！”雍正皇帝一听，顿时龙颜大怒，立刻下令查抄查嗣庭家。很快，查嗣庭一家老少十三口，被统统抓走。

查嗣庭受尽折磨，最后冤死狱中。甚至在他死后皇帝还不解气，命人把他枭首示众，凌辱他的尸体。查嗣庭的儿子不久也惨死狱中，其他族人全部被流放。

幸亏查嗣庭的哥哥查慎行当时正在外地做官，听说弟弟的遭遇后，赶紧带领

quán jiā jìn jīng tóu àn zhè cái miǎn le yì sǐ dàn shì zhā shèn
全家进京投案，这才免了一死，但是查慎
xíng de shì tú què shòu dào le yán zhòng yǐng xiǎng
行的仕途却受到了严重影响。

chú cǐ zhī wài nà yì nián jiāng xī cān jiā kē jǔ kǎo shì
除此之外，那一年江西参加科举考试
de shì zǐ yě quán dōu shòu dào qiān lián bèi fá liù nián nèi bù zhǔn
的士子也全都受到牵连，被罚六年内不准
cān jiā jǔ rén yǔ jìn shì de kǎo shì
参加举人与进士的考试。

kě jiàn dāng shí de wén zì yù jiè wén zì zhī míng cǎn
可见当时的“文字狱”借文字之名，惨
shā le duō shao zhōng liáng xián shì
杀了多少忠良贤士。

乾隆妙语解“夫”字

qīng cháo de qián lóng huáng dì xué shí yuān bó cái sī mǐn
清朝的乾隆皇帝，学识渊博，才思敏
jié tā cháng cháng jiè wēi fú chū xún de jī huì yǔ suí xíng de
捷，他常常借微服出巡的机会，与随行的
dà chén jǐ xiǎo lán liú yōng děng wén rén mò kè tán shī lùn wén
大臣纪晓岚、刘墉等文人墨客谈诗论文、
tián cí cāi mí
填词猜谜。

qián lóng huáng dì dì èr cì xià jiāng nán de shí hou yì biān
乾隆皇帝第二次下江南的时候，一边
xīn shǎng yán tú de měi jǐng yì biān yǔ péi hù zài shēn biān de jǐ
欣赏沿途的美景，一边与陪护在身边的纪
xiǎo lán tán lùn zhe shī wén tū rán tā kàn dào dì li yǒu yí
晓岚谈论着诗文。突然，他看到地里有一
wèi nóng fū zhèng zài láo zuò biàn xiǎng tiáo kǎn yí xià jǐ xiǎo lán
位农夫正在劳作，便想调侃一下纪晓岚。

yú shì tā zhǐ zhe tián li de nóng fū wèn jǐ xiǎo lán
于是，他指着田里的农夫，问纪晓岚：

“那是什么人？”这不是明知故问吗？但纪晓岚猜不透皇帝葫芦里卖的什么药，只好如实回答：“这是一个农夫。”“‘农夫’的‘夫’字该怎么写啊？”皇帝还是明知故问。纪晓岚也没多想，随口说道：“两横再加一撇一捺，‘轿夫’的‘夫’、‘孔夫子’的‘夫’、‘夫妻’的‘夫’和‘匹夫’的‘夫’都这么写。”

乾隆听了纪晓岚的解释，大为不满，摇摇头说：“纪爱卿，平时看你还挺机智的，今天怎么竟连个‘夫’字都分辨不清啊？”纪晓岚猜到，皇帝肯定心中早已盘算好才故意问他的，便装起糊涂来：“为臣才疏学浅，实在不知，还请皇上指教。”

只听乾隆皇帝一个个解说道：“农夫是刨土的人，‘夫’字当然就是上面一个‘土’字，下面一个‘人’字；轿夫肩上扛着竹竿，‘夫’就是‘人’字上面再加二根竹竿；孔夫子是圣人，有经天纬地之才，这个‘夫’字自然是‘天’字出头；夫妻是男女两个人，‘夫’当然就是‘二’字加个‘人’字；匹夫是指大丈夫，这个‘夫’字很明显就是‘一’字再加个‘大’字。”

“妙，皇帝解得妙啊。”纪晓岚还真不得不佩服皇帝对“夫”字如此精辟的解释。

一路上，君臣二人用这类文字游戏给旅途增加了不少乐趣。

纪晓岚让大家“猜谜”

qián lóng huáng dì sù yǒu duì lián tiān zǐ zhī chēng xǐ huan
乾隆皇帝素有“对联天子”之称，喜欢
yǔ qún chén duì duì zi yě xǐ huan yǔ dà chén cāi dēng mí yì
与群臣对对子，也喜欢与大臣猜灯谜。一
nián yuán xiāo jiā jié qián xī qián lóng huáng dì xià lìng ràng qún chén
年元宵佳节前夕，乾隆皇帝下令，让群臣
měi rén zhì zuò yí gè dēng mí děng dào yuán xiāo jié shí bǐ bi kàn
每人制作一个灯谜，等到元宵节时比比看
shéi de dēng mí zuì yǒu chuàng yì
谁的灯谜最有创意。

yuán xiāo jié zhè tiān chī guò wǎn fàn qián lóng àn zhào shì
元宵节这天，吃过晚饭，乾隆按照事
xiān yuē hǎo de jiào shàng zhòng wèi dà chén lái dào hàn lín yuàn de
先约好的，叫上众位大臣，来到翰林院的
wén huá diàn cāi dēng mí
文华殿猜灯谜。

jūn chén yì xíng biān zǒu biān kàn yí lù shén cǎi fēi yáng
君臣一行，边走边看，一路神采飞扬，

议论着已经看过的灯谜。当他们来到大殿的中厅时，一只灯笼引起了众人的注意。这只灯笼不仅个儿大，而且上面写的灯谜也非常奇特，让人有些摸不着头脑。乾隆皇帝走过去细细观看，只见灯笼上写着：

黑不是，白不是，红黄更不是。和狐狼猫狗仿佛，既非家畜，又非野兽。

诗不是，词不是，《论语》上也有。对东西南北模糊，虽为短品，却是妙文。

众人都被这个有趣的灯谜吸引住了，开始你一句我一句地猜起来。有人说谜底是这个，但刚

说出来就被他人否定了；有人说谜底是那个，但一说出口，周围的人都说“不对，不对”。一时之间，跟炸了锅似的，人人都说这个灯谜妙，但就是谁也猜不出来。

擅长猜灯谜的乾隆皇帝这时候也是紧锁眉头，一声不吭。要在平时，大臣如此喧哗，他早该龙颜大怒了。而此时，他也被这个难解的字谜难住了。

众人见皇帝不吭声，知道他也猜不

出，这时突然有人向皇帝提议：“古语说，‘解铃还须系铃人’。要不还是请制作灯谜的纪学士自己来揭谜底吧。”

纪晓岚嘻嘻一笑，朝皇帝拱手行了个礼，然后取过纸笔，在上面写下了“猜谜”二字。众大臣还是不解，很多人叫着说：“别猜谜了，纪大人，赶紧说谜底吧。”

纪晓岚对着众人一拱手，说：“皇上，各位大人，我的谜底就是‘猜谜’。”

纪晓岚这么一说，有人开始点头，但有些人还是一脸疑惑。

纪晓岚咳嗽了两声，解释道：“‘黑不是，白不是，红黄更不是’那是‘青’；‘和狐狼猫狗仿佛，既非家畜，又非野兽’，那说的是‘狗’，也就是‘犬’。‘青’与‘犬’

hé zài yí kuài jiù shì cāi jǐ xiǎo lán chōu le liǎng kǒu yān
合在一块就是‘猜’。”纪晓岚抽了两口烟，
jì xù shuō shī bú shì cí bú shì lún yǔ shang yě
继续说：“‘诗不是，词不是，《论语》上也
yǒu shī cí lún yǔ sì zì gòng tóng de piān páng
有’，‘诗’‘词’‘论’‘语’四字共同的偏旁
shì yán zì páng duì dōng xī nán běi mó hu suī
是‘讠（言字旁）’；‘对东西南北模糊，虽
wéi duǎn pǐn què shì miào wén duì dōng xī nán běi mó hu nà
为短品，却是妙文’，对东西南北模糊，那
shì shuō fāng xiàng bù míng yě jiù shì mí yán yǔ mí
是说方向不明，也就是‘迷’。‘讠’与‘迷’
hé qǐ lái bú zhèng shì mí ma
合起来不正是‘谜’吗？”

tīng jǐ xiǎo lán zhè me yì shuō zhòng rén huǎng rán dà wù
听纪晓岚这么一说，众人恍然大悟，
bù yóu de pāi shǒu chēng miào fēn fēn shuō yuán lái rú cǐ kuī
不由得拍手称妙，纷纷说：“原来如此，亏
nǐ xiǎng de chū
你想得出。”

qián lóng huáng dì tīng hòu yě hā hā dà xiào lián lián chēng zàn
乾隆皇帝听后也哈哈大笑，连连称赞
jǐ xiǎo lán de cái zhì bú yòng shuō yuán xiāo jié dēng mí zuì jiā
纪晓岚的才智。不用说，元宵节灯谜最佳
chuàng yì jiǎng dāng rán fēi jǐ xiǎo lán mò shǔ le
创意奖当然非纪晓岚莫属了。

蒲松龄智对鬼朋友

蒲松龄是清代著名小说家，他不仅在小说《聊斋志异》中喜欢使用字谜诗，在生活中也喜欢。至今在他的家乡还流传着他智斗鬼怪的故事呢。

相传有一天，一只鬼来到蒲松龄家里。他倒是很客气，一进门，对着正在写小说的蒲松龄拱拱手，算是行礼了，然后开口说："蒲先生，听说你很有才气，写了很多关于我们鬼的故事。今天，我特意带

lái yì shǒu zì mí shī yào shi nǐ cāi duì le jiù kě yǐ jì xù
来一首字谜诗，要是你猜对了就可以继续
xiě wǒ men cāi bú duì yǐ hòu jiù bù xǔ xiě le pú sōng líng
写我们，猜不对以后就不许写了。”蒲松龄
fàng xià bǐ duì guǐ xiào le xiào xiōng yǒu chéng zhú de shuō hǎo
放下笔，对鬼笑了笑，胸有成竹地说：“好，
nǐ qǐng jiǎng zhǐ tīng guǐ shuō dào sì miào mén qián yì tóu niú
你请讲。”只听鬼说道：“寺庙门前一头牛，
sān rén tái gè yǎ mù tou wèi céng jìn mén xiān kāi kǒu guī gōng
三人抬个哑木头，未曾进门先开口，闺宫
nǚ zǐ jǐn gài tóu
女子紧盖头！”

pú sōng líng xiǎng le yí huì er méi yǒu zhí jiē huí dá
蒲松龄想了一会儿，没有直接回答，
ér shì huí le tā yì shǒu zì mí shī yán duì qīng shān bú shì
而是回了他一首字谜诗：“言对青山不是
qīng èr rén tǔ shang zài tán xīn sān rén qí tóu wú jiǎo niú cǎo
青，二人土上在谈心，三人骑头无角牛，草

mù cóng zhōng zhàn yì rén
木丛中站一人！”

pú sōng líng de qī zi tīng bù dǒng tā
蒲松龄的妻子听不懂他
men zài shuō xiē shén me pú sōng líng gēn qī
们在说些什么，蒲松龄跟妻
zi jiě shì shuō zhè wèi guǐ péng you tè lái wèn ān
子解释说：“这位鬼朋友‘特来问安’。”

guǐ péng you tīng le pú sōng líng de zì mí shī sī kǎo le
鬼朋友听了蒲松龄的字谜诗，思考了
piàn kè shuō pú xiān sheng pèi fú pèi fú chá wǒ jiù bù
片刻，说：“蒲先生，佩服佩服，茶我就不
hē le jì rán xiān sheng yǒu rú cǐ cái xué hái xī wàng xiān
喝了。既然先生有如此才学，还希望先
shengnéng xiě chū gèng duō guān yú wǒ men de hǎo gù shi shuō wán
生能写出更多关于我们的好故事。”说完，
biàn piāo rán lí qù
便飘然离去。

zhè shí zhàn zài yì páng de pú sōng líng qī zi réng yì liǎn
这时，站在一旁的蒲松龄妻子仍一脸
máng rán pú sōng líng jiàn cǐ qíng jǐng biàn gěi tā xiáng xì jiě shì
茫然。蒲松龄见此情景，便给她详细解释

了一番，才让妻子彻底明白。

原来，在鬼的字谜中，第一句“寺庙门前一头牛”，“寺”与“牛”合起来就是“特”字；第二句“三人抬个哑木头”，繁体字的“来”字写作“來”，“來”字中有三个“人”，剩下的“十”因为缺少一撇一捺，难成“木”，当然就变成“哑木头”了，所以这句说的是“来”字；第三句“未曾进门先开口”，“门”与“口”合起来便是“问”；第四句“闺宫女子紧盖头”，“宫”字中的“宀（宝盖头）”与“女”合起来便是“安”。这四个字连在一起不就是“特来问安”吗？

在蒲松龄的字谜诗中，第一句“言对青山不是青”，“言”与“青”相合自然是“请”；第二句“二人土上在谈心”，二“人”

和"土"相合是"坐"；第三句"三人骑头无角牛"，"无角牛"是指"牛"字去掉左上角的斜撇，"三""人"与"无角牛"正好合成"奉"；第四句"草木丛中站一人"，"艹（草字头）""木"与"人"合起来便是"茶"。这样，四字相连自然就是"请坐奉茶"喽。

虽然这只是个传说，但却反映了蒲松龄的过人才智以及他的《聊斋志异》在当时的影响。

郑板桥题字送皮三

郑板桥是清代著名的书画家、文学家，也是“扬州八怪”之一。他的书法在当时很有影响，许多人都渴望得到他的墨宝。

他的小书童便常常趁他不注意，偷他的字出去换钱。郑板桥知道后，便故意写了“不可随处小便”几个字放在书房里，没想到连这也被小书童偷走了。

过了几天，他经过一家装裱店，正巧看到了自己的那副字，不过经过重新排列组合，那字已变成了“小处不可随便”。由此可见，为了他的墨宝，人们可是煞费苦心啊。还有一件事，更能说明郑板桥墨宝的魔力。

乾隆十一年（公元1746年），郑板桥到山东潍县（今山东省潍坊市）做县令。一上任，他便穿上便装，四处走访，了解民情。西城桥头有一个老汉，人称皮三，五十多岁还没娶上媳妇，在自家门口摆了个修鞋摊子，日子过得十分清苦。

郑板桥经常到皮三的摊前，借着修鞋，与他攀谈。时间一长，二人便熟悉起来。

不过，郑板桥一直没透露自己的身份，这皮三呢，也一直以为他是位商人。

一天，郑板桥又来到皮三的的摊前，皮三正在吃饭，说是饭，其实只是些稀食冷饭。郑板桥看后觉得很心酸，说："你过得这么辛苦，我也粗通笔墨，不如我写几个字，你找人装裱一下挂在门口，或许能为你招徕些生意，等赚了钱，说不定还能取个媳妇呢。"皮三笑笑，以为眼前这位商人取笑他，连忙摇了摇头。郑板桥见状，只好说出了自己

的身份，皮三这才半信半疑地点点头。

几天后，皮三让人把郑板桥为他题写的匾额装裱好后，挂在门口。只见匾上画着一座四孔拱形桥，每个桥孔下面都写着一个大大的“波”字。那“波”字中的“氵（三点水）”尤为独特，它被郑板桥夸张之后，犹如三层波浪，又如同数字“三”。奇特的字匾引来了众多人围观，大家纷纷猜测着字匾

de hán yì dàn dōu bǎi sī bù dé qí jiě yǒu rén wèn pí sān
的含义，但都百思不得其解。有人问皮三
zhè biǎn shang de zì shì shéi xiě de qǐ chū pí sān bù shuō zuì
这匾上的字是谁写的，起初皮三不说，最
hòu jīn bu zhù dà jiā xún wèn zhǐ hǎo zhào shí shuō le
后禁不住大家询问，只好照实说了。

jiù zhè yàng yī chuán shí shí chuán bǎi yuǎn jìn de rén dōu
就这样，一传十，十传百，远近的人都
zhī dào hè hè yǒu míng de zhèng bǎn qiáo wèi pí sān tí xiě le biǎn
知道赫赫有名的郑板桥为皮三题写了匾
é dōu rèn wéi zhè pí sān yí dìng shǒu yì fēi fán yú shì fēn
额，都认为这皮三一定手艺非凡，于是纷
fēn qián lái xiū xié cóng cǐ pí sān de shēng yi yuè lái yuè hǎo
纷前来修鞋。从此，皮三的生意越来越好。
hòu lái pí sān de shēng yì yuè zuò yuè dà kāi le hǎo jǐ jiān fēn
后来皮三的生意越做越大，开了好几间分
diàn bù shuō hái zhēn qǔ shàng le xí fu
店不说，还真娶上了媳妇。

zhèng bǎn qiáo zài rèn qī jiè mǎn shí tū rán xiǎng qǐ le pí
郑板桥在任期届满时，突然想起了皮
sān biàn xiǎng qù kàn kan tā méi xiǎng dào pí sān jìng fā shēng le
三，便想去看看他。没想到皮三竟发生了
rú cǐ dà de biàn huà xīn lǐ fēi cháng gāo xìng pí sān fū fù
如此大的变化，心里非常高兴。皮三夫妇
kòu tóu xiè ēn hòu wèn qǐ dāng nián zì biǎn de hán yì zhèng bǎn
叩头谢恩后，问起当年字匾的含义，郑板
qiáo zhè cái niǎn zhe hú xū jiē xiǎo mí dǐ yuán lái qiáo kǒng jiù shì
桥这才捻着胡须揭晓谜底，原来桥孔就是
mén mén xià de bō shí jì shang zhǐ de shì pí sān
门，门下的“波”，实际上指的是“皮三”。

左宗棠用人之悔

zài gǔ dài shū jí de liú chuán duō kào chāo xiě wū
在古代，书籍的流传多靠抄写。“乌
fán tǐ zì xiě zuò wū yān mǎ fán tǐ zì xiě
（繁体字写作‘烏’）”“焉”“马（繁体字写
zuò mǎ zhè sān gè zì de wài xíng hé jié gòu dōu jí wéi
作‘馬’）”这三个字的外形和结构都极为
xiāng sì gǔ rén zài chuán chāo de guò chéng zhōng tè bié róng yì kàn
相似，古人在传抄的过程中特别容易看
cuò yú shì hòu lái jiù yǒu le wū yān chéng mǎ zhè ge chéng
错。于是后来就有了“乌焉成马”这个成
yǔ lái biǎo shì wén zì yīn xíng tǐ xiāng sì ér róng yì chuán xiě cuò
语，来表示文字因形体相似而容易传写错
wù qīng cháo shí qī jiù chū xiàn le zhè me yí gè yǔ wū
误。清朝时期，就出现了这么一个与“乌
yān chéng mǎ lèi sì de gù shi
焉成马”类似的故事。

huà shuō qīng mò de zuǒ zōng táng shì xiāng jūn de chuàng shǐ rén
话说清末的左宗棠，是湘军的创始人

zhī yī zài tā
之一。在他
chū rèn liǎng jiāng zǒng
出任两江总
dū de shí hou
督的时候，
shǒu xià yǒu yí gè
手下有一个
yuán xiāng jūn chū shēn de xià jí
原湘军出身的下级
jūn guān tā xìng wǔ wéi rén yě hé tā de xìng shì
军官。他姓武，为人也和他的姓氏
chà bu duō xìng qíng hān hòu pǔ shí zuò zhàn fēi cháng yǒng gǎn
差不多，性情憨厚朴实，作战非常勇敢。
hòu lái zuǒ zōng táng jǔ jiàn tā zuò le huá tíng xiàn jīn shàng hǎi shì
后来左宗棠举荐他做了华亭县(今上海市
sōng jiāng qū de xiàn lìng yǒu yí cì tā fù zé xiàn li de
松江区)的县令。有一次，他负责县里的
kē jǔ kǎo shì běn lái tā yí gè dāng bīng chū shēn de wǔ fū
科举考试，本来他一个当兵出身的武夫，
dù zhōng yě méi duō shao mò shuǐ tā bǎ shì tí ná dào shǒu zhī
肚中也没多少墨水。他把试题拿到手之
hòu wèi le bǎo mì suí shǒu cáng dào le zì jǐ chuān de xuē tǒng
后，为了保密，随手藏到了自己穿的靴筒
li dào le kāi kǎo de nà yì tiān kǎo shēng dōu yǐ jīng jìn
里。到了开考的那一天，考生都已经进
rù kǎo chǎng zhè wèi wǔ xiàn lìng què wàng jì zì jǐ bǎ shì tí fàng
入考场，这位武县令却忘记自己把试题放
zài nǎ er le sì chù dōu zhǎo biàn le jiù shì zhǎo bú dào jí
在哪儿了，四处都找遍了就是找不到，急

de tā tuán tuán zhuàn
得他团团转。

yí zhèn zhē teng zhī hòu yǒu rén tí xǐng tā yào shi néng
一阵折腾之后，有人提醒他，要是能
jì qǐ shì tí de nèi róng yě xíng tā nǔ lì huí yì le bàn
记起试题的内容也行。他努力回忆了半
tiān shuō wǒ jì de tí mù li hǎo xiàng yǒu gè mǎ zì
天，说：“我记得题目里好像有个‘马’字。”
dāng shí kē jǔ kǎo shì duō shì yī jù sì shū wǔ jīng lái
当时科举考试多是依据“四书”“五经”来
chū tí yú shì zhòng rén bān chū sì shū wǔ jīng chá
出题，于是，众人搬出“四书”“五经”，查
zhǎo dài yǒu mǎ de jù zi zhǎo dào zhì yú quǎn mǎ lún
找带有“马”的句子。找到“至于犬马”（《论
yǔ tā shuō bú shì zì shù tài shǎo zhǎo dào bǎi xìng wén
语》），他说不是，字数太少；找到“百姓闻
wáng chē mǎ zhī shēng mèng zǐ tā shuō yě bú shì mǎ
王车马之声”（《孟子》），他说也不是，“马”
zì bú zài zhōng jiān zài kāi tóu zhǎo dào mǎ bú jìn yě lún
字不在中间在开头；找到“马不进也”（《论
yǔ tā hái shuō bú shì
语》），他还说不是。

zhòng rén méi zhāo le tū rán yòu yǒu rén tí xǐng shuō lǎo
众人没招了。突然又有人提醒说：“老
ye nín zài zì jǐ shēn shang zhǎo guò le ma wǔ xiàn lìng yì
爷，您在自己身上找过了吗？”武县令一
pāi nǎo dai xiǎng qǐ zì jǐ bǎ shì juàn fàng dào xuē tǒng li le
拍脑袋，想起自己把试卷放到靴筒里了，
yú shì gǎn jǐn shēn shǒu tāo le chū lái zhòng rén shēn tóu yí kàn
于是赶紧伸手掏了出来。众人伸头一看，

zhǐ jiàn shàng miàn xiě zhe yān zhī lái zhě zhī bù rú jīn yě hāi yuán lái tā bǎ yān kàn chéng mǎ le dà jiā shéi yě bù gǎn xiào zhǐ dé biē zhe

只见上面写着：焉知来者之不如今也。咳，原来他把“焉”看成“马”了。大家谁也不敢笑，只得憋着。

hòu lái zuǒ zōng táng tīng shuō le cǐ shì hěn ào huǐ zì jǐ yòng cuò le rén yú shì xiě le yì shǒu dǎ yóu shī jì shù cǐ shì

后来左宗棠听说了此事，很懊悔自己用错了人，于是写了一首打油诗记述此事：

yān zuò mǎ shí mǎ dàng yān qià sì dāng nián kuà mǎ qián

焉作马时马当焉，恰似当年跨马前。

chōng fēng xiàn zhèn měng yú hǔ hé bì jiàn qí nòng bǐ jiān

冲锋陷阵猛于虎，何必荐其弄笔尖。

zhè jiàn shì qing zhī hòu zuǒ zōng táng zhī dào zhè wèi wǔ jiàng bú shì zuò xiàn lìng de liào jiù bà le tā de xiàn lìng yì zhí ràng tā chóng xīn huí dào le jūn yíng

这件事情之后，左宗棠知道这位武将不是做县令的料，就罢了他的县令一职，让他重新回到了军营。

张之洞戏监生

zhāng zhī dòng qīng cháo mò nián rén yǔ zēng guó fān lǐ hóng
张之洞，清朝末年人，与曾国藩、李鸿
zhāng zuǒ zōng táng bìng chēng wǎn qīng sì dà míng chén zuò wéi
章、左宗棠并称晚清“四大名臣”。作为
yáng wù yùn dòng de dài biǎo rén wù zhāng zhī dòng shí fēn zhòng shì jiào
洋务运动的代表人物，张之洞十分重视教
yù xī wàng néng wèi guó jiā péi yǎng gèng duō yōu xiù de rén cái
育，希望能为国家培养更多优秀的人才，
ér duì yú nà xiē bù xué wú shù què hái xiǎng tóu jī zuān yíng de
而对于那些不学无术却还想投机钻营的
rén shēn wù tòng jué
人，深恶痛绝。

zài tā dān rèn hú guǎng zǒng dū de shí hou yǒu yì tiān
在他担任湖广总督的时候，有一天，
tā gāng gāng chī guò zǎo fàn zhèng zài chǔ lǐ shǒu tóu de gōng wù
他刚刚吃过早饭，正在处理手头的公务，
tū rán shū tóng lái bào yǒu kè rén lái fǎng bù zhī yòu shì
突然书童来报，有客人来访。“不知又是

哪一位？”张之洞一边想，一边放下手头的工作，准备去客厅看一看。

原来是自己的远房亲戚王庆。此人本是监生出身，已经买了个候补知府的名额。他虽看上去文质彬彬，其实却胸无点墨，张之洞对此人一直没有什么好感。

王庆看张之洞走进客厅，赶紧站起来与张之洞寒暄，然后便直奔主题：“我这次专程从家乡来到武昌，带了一点儿薄礼，希望通过您的关系，在这里谋个一官半职。”

这王庆倒是不把自己当外人，话说得够直接。张之洞听后，大为恼火，立即吩咐书童把王庆带来的礼拿到门外去，并对王庆说：“做官是需要有一定学识的，最起码能够识文断字。”听张之洞如此说，王

qìng tǎo hǎo shì de yì biān péi xiào yì biān lián lián diǎn tóu chēng
庆讨好似的，一边陪笑，一边连连点头称
shì shì shì
“是，是，是”。

zhè shí zhāng zhī dòng zhèng hǎo kàn dào zhuō shang de chá hú
这时，张之洞正好看到桌上的茶壶，
dùn shí yǒu le zhǔ yi xīn xiǎng wǒ yí dìng yào jiào xùn jiào xùn
顿时有了主意，心想：我一定要教训教训
zhè ge bù zhī tiān gāo dì hòu de wáng qìng tā fēn fù shū tóng
这个不知天高地厚的王庆。他吩咐书童
qǔ lái zhǐ bǐ xiě xià yáng tú kǔn sān gè zì rán hòu zhāo
取来纸笔，写下“錫茶壶”三个字。然后招
hu wáng qìng guò lái wèn dào zhè sān gè zì nǐ rèn shi ma
呼王庆过来，问道：“这三个字，你认识吗？”

wáng qìng yí kàn zhè sān gè zì lè kāi le xīn xiǎng
王庆一看这三个字，乐开了，心想：

“我天天在家里喝茶，用的就是它，这还能不认识？这老头也太瞧不起我了。”于是，他自信地回答：“这可难不倒我。这三个字是‘锡茶壶’。”

王庆一说完，只见张之洞的脸瞬间阴沉下来，大声对书童说：“此等庸才，岂能为官？送客！”然后对着门口一挥衣袖。

这下可把王庆弄蒙了，他半天没回过

神来，嘴里还不停地嘟囔："没错啊，不就是锡茶壶吗？难道还能是'瓷茶壶'不成？"

看着王庆离开的背影，张之洞感叹道："也真难为你了，这对你来说就是天书啊！"

想到这种水平的人也想当官，要真让他到处钻营，侥幸当上了官，那岂不是会祸国殃民？于是张之洞立即下达文书，削了王庆候补知府的名额，并把他遣回原籍。

他写好文书后，又在末尾添了几句：

写的本是"□茶壶"，你非读成"⿷匚昜茶壶"。

三字仅是一横差，此等庸才岂能用。

令你再读十年书，切莫再念"⿷匚昜茶壶"。

可怜的王庆直到后来看到这个文书，才终于明白自己错在了哪儿。

洪秀全“烧”城而过

真州在我国古代历史上颇为有名。早在唐宋时期，它就是工商业重镇。北宋年间，这里又修建了真武大帝庙，因为庙内树立的真武大帝塑像仪容逼真，曾一度改名为“仪真”，后来又改回“真州”。这里风景秀丽，店铺林立，一派繁荣。北宋的大文学家欧阳修曾经写了一篇文章——《真州东园记》来颂扬真州的繁盛；宋代诗人刘宰在给朋友的诗中也称赞这里是

fēng wù huái nán dì yī zhōu hòu lái jīng guò lì cháo lì dài
“风物淮南第一州”。后来，经过历朝历代
de xiū jiàn zhè lǐ céng yí dù hé sū zhōu yáng zhōu qí míng ér
的修建，这里曾一度和苏州、扬州齐名，而
qiě chéng nèi hái yǒu xǔ duō jù yǒu jiāng nán tè sè de yuán lín ne
且城内还有许多具有江南特色的园林呢。
dàn dào jīn tiān yǒu hěn duō dōu yǐ bú fù cún zài zhè shì wèi
但到今天，有很多都已不复存在。这是为
shén me ne yuán lái zhè lǐ hái yǒu yí duàn xiǎn wéi rén zhī de gù
什么呢？原来这里还有一段鲜为人知的故
shi ne
事呢。

zhè děi cóng tiān wáng hóng xiù quán de tài píng tiān guó shuō qǐ
这得从天王洪秀全的太平天国说起。
dāng shí hóng xiù quán dìng dū tiān jīng jīn jiāng sū nán jīng shì zhī
当时洪秀全定都天京（今江苏南京市）之

hòu wèi jìn yí bù gǒng gù shèng lì de guǒ shí pài yì wáng shí
后，为进一步巩固胜利的果实，派翼王石
dá kāi shuài lǐng qǐ yì jūn jì xù běi shàng
达开率领起义军继续北上。

shí dá kāi yí lù shì rú pò zhú hěn kuài biàn shuài jūn dǎ
石达开一路势如破竹，很快便率军打
dào zhēn zhōu chéng xià yì lián jǐ tiān shí dá kāi mìng lìng shì bīng
到真州城下。一连几天，石达开命令士兵
lún fān gōng chéng zěn nài zhēn zhōu chéng gù ruò jīn tāng shí dá kāi
轮番攻城，怎奈真州城固若金汤，石达开
shǐ zhōng wú fǎ jiāng tā ná xià zhàn dòu xiàn rù jiāng chí jú miàn
始终无法将它拿下。战斗陷入僵持局面，
shí dá kāi yì shí méi le bàn fǎ biàn pài rén qǐng shì hóng xiù quán
石达开一时没了办法，便派人请示洪秀全。

hěn kuài hóng xiù quán de mìng lìng chuán lái shí dá kāi dǎ
很快，洪秀全的命令传来。石达开打
kāi yí kàn zhǐ jiàn shàng miàn zhǐ yǒu sì gè zì shāo chéng ér
开一看，只见上面只有四个字——烧城而
guò shí dá kāi dùn shí dà xǐ shì a zhè me jiǎn dān de
过。石达开顿时大喜，是啊，这么简单的
bàn fǎ zì jǐ zěn me méi xiǎng dào ne dàn shì gāo xìng zhī yú
办法自己怎么没想到呢？但是高兴之余，
shí dá kāi zhuǎn niàn yòu xiǎng rú guǒ yòng huǒ gōng chéng nèi de bǎi
石达开转念又想，如果用火攻，城内的百
xìng kěn dìng huì zāo yāng ér qiě chéng nèi wú shù míng shèng yě huì jìn
姓肯定会遭殃，而且城内无数名胜也会尽
shù huǐ miè bú guò yǎn xià yě gù bù liǎo nà me duō le jì
数毁灭。不过眼下也顾不了那么多了，既
rán tiān wáng mìng lìng shāo chéng zhǐ néng zhí xíng
然天王命令烧城，只能执行。

石达开赶紧命人从四面八方向城内投放火种。霎时间，大火在城内蔓延开来。看到熊熊燃烧的大火，石达开立即率领军队继续北上。大军走出五六公里后，回望真州城的方向依然是烟雾腾空，火光冲天。

石达开写好捷报，连同洪秀全写来的命令一块让人送往天京。洪秀全接到捷

bào xīn zhōng dà jīng zì jǐ míng míng shì mìng lìng bù duì rào chéng
报，心中大惊，自己明明是命令部队“绕城
ér guò zěn me biàn chéng shāo chéng ér guò le ne kě tàn hǎo
而过”怎么变成“烧城而过”了呢？可叹好
hǎo yí zuò wèi rén suǒ chēng sòng de lì shǐ míng chéng hé wú shù bǎi
好一座为人所称颂的历史名城和无数百
xìng jiù zhè yàng huǐ yú zhàn huǒ tā ná guò nà xiě yǒu mìng lìng de
姓就这样毁于战火。他拿过那写有命令的
zì tiáo chá kàn jiū jìng chà diǎn méi bǎ tā qì sǐ yuán lái zhè gāi
字条察看究竟，差点没把他气死，原来这该
sǐ de chuán lìng guān zài xiě mìng lìng shí bǎ rào xiě chéng le shāo
死的传令官在写命令时，把“绕”写成了“烧”！

hóng xiù quán nù huǒ chōng tiān mìng rén zhuā lái chuán lìng guān
洪秀全怒火冲天，命人抓来传令官，
ràng tā hǎo hǎo kàn kan zì jǐ dōu zuò le shén me chuán lìng guān
让他好好看看自己都做了什么。传令官
dǎ kāi zì tiáo yí kàn dùn shí lěng hàn zhí mào zěn me yì mǎ
打开字条一看，顿时冷汗直冒，怎么一马
hu bǎ rào xiě chéng shāo ne tā zhī dào shì guān zhòng dà
虎把“绕”写成“烧”呢？他知道事关重大，
gǎn jǐn kū hǎn zhe ráo mìng nù qì wèi xiāo de hóng xiù quán
赶紧哭喊着“饶命”。怒气未消的洪秀全
yě dà hǎn ráo mìng shì bù kě néng le wǒ zhǐ néng xiàng nǐ yí
也大喊：“饶命是不可能了，我只能像你一
yàng bǎ ráo biàn chéng shāo jiù zhè yàng dǎo méi de chuán
样，把‘饶’变成‘烧’。”就这样，倒霉的传
lìng guān bèi huó huó shāo sǐ dàn què wú fǎ huàn huí zhēn zhōu chéng
令官被活活烧死，但却无法换回真州城
xī rì de huī huáng
昔日的辉煌。

成也名字，败也名字

明朝嘉靖年间，安徽合肥有两户人家，一家姓吴，一家姓黄，吴家有个儿子叫吴情，黄家的儿子叫黄统。吴家家境贫寒，儿子吴情勤奋好学，是个才子；黄家家财万贯，儿子黄统却不学无术，是个典型的阔少。

转眼进京赶考的日子到了，吴情辞别父母去了京城。黄统见吴情进京赶考，也吵着闹着要进京，因为这次考试的主考官

shì tā de jiù jiu kǎo shì jié shù hòu wèi bì xián yí zhǔ
是他的舅舅。考试结束后，为避嫌疑，主
kǎo guān bǎ wài sheng huáng tǒng dìng wéi dì èr dì yī zé gěi le
考官把外甥黄统定为第二，第一则给了
wú qíng dāng rán zhè bú shì zuì hòu de jié guǒ tā men hái děi
吴情。当然这不是最后的结果，他们还得
rù huáng gōng jiē shòu huáng dì de zhōng jí kǎo hé
入皇宫接受皇帝的终极考核。

diàn shì shí wú qíng de yìng duì ràng huáng dì hěn mǎn yì
殿试时，吴情的应对让皇帝很满意，
dàn dāng wèn dào xìng míng shí huáng dì què bó rán dà nù
但当问到姓名时，皇帝却勃然大怒：
gǎn chū qù cǐ děng rén zěn néng lù yòng zhòng rén
“赶出去，此等人怎能录用？”众人
bù jiě huáng dì shuō wú qíng jiù shì wú qíng
不解，皇帝说：“‘吴情’就是‘无情’，
wú qíng bì wú yì wú yì bì wú zhōng jiù zhè yàng
无情必无义，无义必无忠。”就这样
wú qíng yīn wèi míng zi zhōng de wú yǔ
吴情因为名字中的“吴”与
wú qíng de wú dú yīn xiāng tóng
“无情”的“无”读音相同，
bèi gé chú le gōng míng
被革除了功名。

ér huáng tǒng de yùn qi
而黄统的运气
kě bǐ wú qíng hǎo duō
可比吴情好多
le suī rán diàn shì
了。虽然殿试

时，他的应对并不十分令皇帝满意，但报上名字时，皇帝却龙颜大悦："黄统，黄统，'皇'家正统，好名字啊！"就这样黄统因为"黄"与"皇"读音相同，再加上他舅舅的一番好话，居然从第二变成了第一。

没想到小小的名字竟影响了两个人一生的命运。还有更令人惊奇的呢！据说，曾经竟有人因为名字险些嫁不出去。

民国时期的章太炎不仅是革命家，也是著名的汉学大师，对汉字非常有研究。

章太炎有三个女儿，眼看都到了谈婚论嫁的年龄，可总不见有人来提亲。这可急坏了章太炎和他的妻子汤国梨。夫妻俩可纳闷了，想来自己家好歹也是书香门第，在当地的影响力也不算小，而且女儿

men gè gè xián liáng shū dé xiàng mào xiù měi zěn me jiù yìng shì
们个个贤良淑德，相貌秀美，怎么就硬是

méi yǒu rén shàng mén qiú hūn ne
没有人上门求婚呢？

yì tiān jiā zhōng lái le kè rén liáo qǐ ér nǚ men de
一天，家中来了客人，聊起儿女们的

hūn shì zhāng tài yán duì péng you shuō chū le fū qī liǎ de xīn bìng
婚事，章太炎对朋友说出了夫妻俩的心病，

méi xiǎng dào péng you hěn háo shuǎng hā hā yí xiào diǎn chū le wèn
没想到朋友很豪爽，哈哈一笑，点出了问

tí de suǒ zài nǐ suī shì hàn xué dà shī zhēn méi xiǎng dào nǐ
题的所在：“你虽是汉学大师，真没想到你

què bǎ hàn zì dōu yán jiū dào jiā li lái le zhāng tài yán yǒu
却把汉字都研究到家里来了。”章太炎有

xiē bù míng bai máng wèn shì zěn me huí shì
些不明白，忙问是怎么回事。

kàn kan nǐ gěi nǚ ér men qǐ de míng zi ba yì bān
“看看你给女儿们起的名字吧，一般

人连认都不认识，谁敢来求婚呢？”朋友摇摇头，继续说，“人家是被你的学问吓到了啊。还记得当时你提出什么招婚条件了吗？你说要想娶你的女儿，必须得认识她们的名字。谁能认识啊？我听说连你的高徒鲁迅先生都不认识呢。不知你是从哪里找到这些字的？”

章太炎恍然大悟，原来女儿们的名字，是他从浩如烟海的古籍中找到的。他找来纸笔，写下了三个字——㸚叕㠭，一边指给朋友看，一边解释：“其实这三个字，读音和意思说出来倒也很简单。瞧，这是长女的名字，就是古时候的‘丽’字，古音念‘lǐ’。这个是次女的名字，念‘zhuó’，就是‘卓’的古代写法。这是三女儿的名

zi niàn shì zhǎn de gǔ dài xiě fǎ
字，念‘zhǎn’，是‘展’的古代写法。”

péng you tīng le hā hā dà xiào xíng le xíng le nǐ jiù zài jiā děng zhe shàng mén tí qīn de rén ba
朋友听了哈哈大笑：“行了，行了，你就在家等着上门提亲的人吧。”

guǒ rán méi guò duō jiǔ bù shǎo nián qīng rén cóng zhè rén kǒu zhōng zhī dào le zhāng jiā nǚ ér men míng zi de dú fǎ hé yì si biàn fēn fēn lái tí qīn tā de nǚ ér men zhè cái yí gè gè de jià le chū qù
果然，没过多久，不少年轻人从这人口中知道了章家女儿们名字的读法和意思，便纷纷来提亲，他的女儿们这才一个个地嫁了出去。

一字之差贻误战机

第二次国内革命战争时期，中国大地上出现了军阀之间的大混战，各地军阀为争夺地盘，扩大势力，征战不休。

1930年4月，阎锡山与冯玉祥联合起来，组成了反蒋联盟，以河南、山东、河北为战地，发动了讨伐蒋介石的战争，史称“中原大战”。故事就发生在这期间。

为了能彻底打败蒋介石，歼灭他在河南一带的力量，阎锡山和冯玉祥专门召

kāi zhàn qián fēn xī huì zhì dìng le jīng mì de zuò zhàn jì huà
开战前分析会，制订了精密的作战计划。

gēn jù zuò zhàn jì huà yán xī shān hé féng yù xiáng èr rén
根据作战计划，阎锡山和冯玉祥二人
jiāng gè pài chū yì zhī jīng ruì bù duì zài zhàn dòu dǎ xiǎng zhī qián
将各派出一支精锐部队，在战斗打响之前，
zài hé nán shěng de qìn yáng xiàn jīn hé nán shěng qìn yáng shì huì
在河南省的沁阳县（今河南省沁阳市）会
shī rán hòu hé lì gōng dǎ jiǎng jiè shí tā men zhǔn bèi yǐ
师，然后合力攻打蒋介石，他们准备以
qiáng dà de yōu shì yì jǔ jiān miè jiǎng jiè shí zhù zhā zài hé
强大的优势一举歼灭蒋介石驻扎在河
nán shěng de jūn duì
南省的军队。

qìn yáng wèi yú hé nán shěng xī běi bù jǐn kào huáng
沁阳位于河南省西北部，紧靠黄
hé yī bàng shān xī
河，依傍山西，
dì lǐ wèi zhì xiāng
地理位置相
dāng yōu yuè ér
当优越，而

且恰好阎锡山的绝大部分军队也驻扎在山西。可以说，对他们二人而言，沁阳退可守、进可攻，选择此地，必能打赢这一战。

这次军事会议之后，冯玉祥赶紧着手布置作战事宜，他让自己的参谋长拟定了一份调动部队的紧急命令：“命令某某部，昼夜兼程，直插沁阳，与阎锡山部队会师……”

谁知这位参谋长，不知是粗心大意，还是对地理知识了解太少，竟然把命令中

zuì guān jiàn de qìn zì xiě chéng le bì zhè yàng huì shī
最关键的“沁”字写成了“泌”，这样，会师
dì diǎn yí xià yóu qìn yáng biàn chéng le bì yáng shì qing
地点一下由“沁阳”变成了“泌阳”。事情
yě còu qiǎo piān piān hé nán shěng hái zhēn yǒu gè jiào bì yáng de dì
也凑巧，偏偏河南省还真有个叫泌阳的地
fang dàn shì zhè bì yáng bú zài hé nán shěng de běi bù ér shì
方。但是这泌阳不在河南省的北部，而是
zài hé nán shěng de nán bù dāng rán lí běi bù de shān xī jiù yuǎn
在河南省的南部，当然离北部的山西就远
le yí zì zhī chā qiān lǐ zhī yáo ya
了。一字之差，千里之遥呀。

dāng shí fèng mìng dài bīng de jūn guān yě nà mèn jì rán shì
当时，奉命带兵的军官也纳闷，既然是
huì shī zěn me bú qù lí liǎng jūn dōu bǐ jiào jìn de qìn yáng
会师，怎么不去离两军都比较近的“沁阳”，
ér piān piān qù nán fāng de bì yáng ne dàn méi yǒu bàn fǎ
而偏偏去南方的“泌阳”呢？但没有办法，
jūn lìng rú shān zhǐ néng zhí xíng jiù zhè yàng féng jūn jūn guān huái
军令如山，只能执行。就这样冯军军官怀
zhe yí dù zi yí huò bǎ jūn duì dài dào bì yáng qù le
着一肚子疑惑，把军队带到泌阳去了。

zài shuō yán xī shān pài chū de bù duì zǎo yǐ àn zhào shì
再说阎锡山派出的部队，早已按照事
xiān yuē dìng zhǔn shí dào dá le huì shī dì diǎn qìn yáng kě shì
先约定，准时到达了会师地点沁阳，可是
děng lái děng qù jiù shì bú jiàn féng yù xiáng bù duì de yǐng zi
等来等去，就是不见冯玉祥部队的影子。
méi yǒu féng yù xiáng de zhī yuán yán xī shān shì dān lì bó suǒ
没有冯玉祥的支援，阎锡山势单力薄，所

以也不敢直接与蒋介石的人马开战。

军情十万火急，阎锡山立即打电报询问冯玉祥到底怎么回事。冯玉祥也纳闷，赶紧命人调查。这一查，才知道原来是参谋长写错了会师地点，部队现在早已挥师南下，到达泌阳了。冯玉祥大惊，这一字之差，背道而驰，贻误了战机不说，还可能让自己的军队受到威胁。

原来

dāng shí jiǎng jiè shí de jīng ruì bù duì jiù zhù zhā zài lí bì yáng
当时蒋介石的精锐部队就驻扎在离泌阳
bù yuǎn de hú běi gǎo bù hǎo xiāo xi xiè lù zì jǐ yǐ dào
不远的湖北，搞不好，消息泄露，自己已到
dá bì yáng de zhè diǎn rén mǎ hěn kuài jiù huì bèi jiǎng jiè shí chī
达泌阳的这点人马很快就会被蒋介石吃
diào xiǎng dào zhè lǐ féng yù xiáng bù yóu de dǎ le gè lěng zhàn
掉。想到这里，冯玉祥不由得打了个冷战，
gǎn jǐn mìng lìng chè jūn běi shàng dàn zhàn jī yǐ shī xiǎng mí bǔ
赶紧命令撤军北上，但战机已失，想弥补
yǐ jīng lái bu jí le jiù zhè yàng yīn wèi cū xīn de cān móu
已经来不及了。就这样，因为粗心的参谋
zhǎng duō xiě le yì piě zhěng gè zuò zhàn jì huà yí xià huà wéi le
长多写了一撇，整个作战计划一下化为了
pào yǐng
泡影。

zuì hòu zhè wèi cān móu zhǎng yě wèi zhè yì piě fù chū le
最后，这位参谋长也为这一撇付出了
cǎn zhòng de dài jià tā zuì zhōng shòu dào jūn fǎ chǔ zhì bèi yā
惨重的代价。他最终受到军法处置，被押
fù xíng chǎng zhí xíng le qiāng jué
赴刑场，执行了枪决。

草莽军阀韩复榘

民国时期，中国出现了大大小小好多军阀，这些军阀中有不少虽然肚中没有多少墨水，但偏偏喜欢舞文弄墨，假充斯文，以至于弄出了不少笑话。韩复榘就是其中一位。

1930年9月，韩复榘被蒋介石国民政府任命为山东省主席，集军政大权于一身，地位相当显赫。于是那些河南老家的亲戚朋友纷纷来到山东，请他赏口饭，或

shì gěi gè yì guān bàn zhí
是给个一官半职。

yì tiān tā de yí gè táng shū yí lù dǎ ting zhe yě
一天，他的一个堂叔，一路打听着，也
lái dào le jǐ nán tā zhè ge táng shū běn shì qián qīng de xiù
来到了济南。他这个堂叔，本是前清的秀
cai dàn què bú huì yíng shēng rì zi guò de shí fēn jiān nán nián
才，但却不会营生，日子过得十分艰难，年
yú huā jiǎ yě méi qǔ shàng xí fu
逾花甲也没娶上媳妇。
tīng shuō zhí zi hán fù jǔ dāng
听说侄子韩复榘当
shàng le shān dōng shěng de zhǔ
上了山东省的主
xí tā jué de zì jǐ xià bàn
席，他觉得自己下半
shēng zǒng suàn yǒu yī kào le
生总算有依靠了。
yú shì rèn zhēn zhǔn bèi le yì
于是，认真准备了一
fān yí lù diān bǒ fēng chén
番，一路颠簸，风尘
pú pú cóng hé nán lái dào le
仆仆，从河南来到了

jǐ nán
济南。

kě bié shuō hán fù jǔ hái zhēn méi dài màn zhè wèi táng shū
可别说，韩复榘还真没怠慢这位堂叔，
yì tīng táng shū de yāo qiú xīn xiǎng bú jiù shì zhǎo gè yǎng jiā hú
一听堂叔的要求，心想不就是找个养家糊
kǒu de chāi shi ma hěn jiǎn dān a lì jí mǎn kǒu dā ying yú
口的差使嘛，很简单啊，立即满口答应。于
shì tā suí shǒu ná qǐ zhuō shang de bǐ zài zhǐ shang xiě le jǐ
是，他随手拿起桌上的笔，在纸上写了几
gè zì zhuāng jìn fēng dài fēng hǎo yīn wèi gōng zuò máng jiù ràng shǒu
个字装进封袋封好。因为工作忙，就让手
xià rén ná zhe zhuāng yǒu tā zì tiáo de fēng dài lǐng zhe táng shū qù
下人拿着装有他字条的封袋领着堂叔去
mì shū chù ràng zì jǐ de mì shū gǎn jǐn bàn lǐ
秘书处，让自己的秘书赶紧办理。

lái dào mì shū chù mì shū dǎ kāi fēng dài ná chū zì
来到秘书处，秘书打开封袋，拿出字

tiáo yí kàn dùn shí shǎ le yǎn dàn yě méi gǎn duō wèn zhí jiē
条一看，顿时傻了眼，但也没敢多问，直接
àn zì tiáo shang xiě de bàn le bǎ zhè ge hán lǎo tóu wǔ huā dà
按字条上写的办了，把这个韩老头五花大
bǎng zhuā wǎng jūn fǎ chù
绑，抓往军法处。

yí gè duō yuè zhī hòu hán fù jǔ yào zhào kāi jūn zhèng dà
一个多月之后，韩复榘要召开军政大
huì tā zuò zài tái shang yí ge jìn er de sì chù zhāng wàng
会，他坐在台上，一个劲儿地四处张望，
jiù shì bú jiàn táng shū de dào lái zuì hòu shí zài rěn bú zhù le
就是不见堂叔的到来，最后实在忍不住了，
biàn wèn shēn biān de mì shū wǒ nà wèi hé nán lái de lǎo tài
便问身边的秘书："我那位河南来的老太
yé zěn me méi lái cān jiā huì yì nǐ qù kàn kan zěn me huí shì
爷怎么没来参加会议？你去看看怎么回事
ba mì shū yì tīng nǎo dai dùn shí wēng de yí xià lián
吧。"秘书一听，脑袋顿时"嗡"的一下，连
shuō huà dōu jiē ba qǐ lái tā tā wǒ hán
说话都结巴起来："他——他——我——"韩
fù jǔ yě hú tu le bú nài fán de shuō tā tā tā nǐ
复榘也糊涂了，不耐烦地说："他他他，你
nǐ nǐ zhè dōu shén me a
你你，这都什么啊？"

mì shū shǎ dāi dāi de kàn zhe tā zuǐ pí zi bú lì suo
秘书傻呆呆地看着他，嘴皮子不利索
de shuō dào nín nín bú shì ràng wǒ bǎ tā yā sòng dào jūn fǎ
地说道："您，您不是让我把他押送到军法
chù ma tā xiàn zài hái guān zài nà lǐ ne
处吗？他现在还关在那里呢。"

韩复榘一听，大怒：“什么？你把老爷子关起来了？还一直关到现在？我什么时候下过这样的命令了？”

这秘书倒是有心眼，当时办事时就觉得其中可能有误会，于是，一直把那纸条装在身上，此时见韩复榘如此说，他立刻从兜里掏出了那张字条。

韩复榘接过字条，瞄了一眼，说：“是啊，我写的就是‘派军法处’啊，老爷子是前清秀才，是要你‘派’他到军法处当秘书，你怎么把他‘抓’到军法处了？”有了证据，秘书这时底气十足，也不结巴了，指着字条，字正腔圆地说：“‘派’是‘氵（三点水）’，‘抓’是‘扌（提手旁）’，您看，您写的可是‘扌（提手旁）’旁。”韩复榘这才知道原来都是自己的错，但要让他当众承认，他可拉不下脸。于是眼睛一瞪，催促道："还不赶紧去请老爷子来开会。"便不再提及此事。

秘书得令连忙去军法处请老爷子，但是老爷子死也不肯再见韩复榘。他万万没想到自己大老远来到济南，却被这草包侄子给关了一个多月。他要来纸笔，写下一首顺口溜：

一纸公文"派"作"抓"，小爷无故坐军法。

若教留在济南府，"手令"来时定吓煞。

然后，老爷子把笔一扔，一甩袖子回河南老家去了。

郭沫若巧用汉字称年龄

zhōng guó shì lǐ yí zhī bāng zì gǔ yǐ lái duì lǎo rén jiù
中国是礼仪之邦，自古以来对老人就
shí fēn zūn jìng xǐ huan jiè yòng yì xiē hàn zì lái dài chēng lǎo nián
十分尊敬，喜欢借用一些汉字来代称老年
rén de suì shù
人的岁数。

zài gǔ dài yòng hàn zì lái biǎo shì zhǎng zhě de nián líng hěn
在古代，用汉字来表示长者的年龄很
yǒu jiǎng jiu liù shí suì jiào huā jiǎ qī shí suì jiào gǔ
有讲究，六十岁叫“花甲”，七十岁叫“古
xī bā jiǔ shí suì jiào mào dié yì bǎi suì jiào qī
稀”，八九十岁叫“耄耋”，一百岁叫“期
yí zhè xiē dōu shì duì zhěng suì shù lǎo rén de biǎo shì fǎ
颐”。这些都是对整岁数老人的表示法。
nà me duì yú yì xiē bú shì zhěng suì shù de nián líng gāi zěn me
那么对于一些不是整岁数的年龄该怎么
chēng hu ne zhè lǐ hái yǒu gè gù shi ne
称呼呢？这里还有个故事呢。

jì shì wén xué jiā yòu shì shū fǎ jiā de guō mò ruò qī
既是文学家又是书法家的郭沫若，七
shí qī suì nà nián shēng le cháng bìng tā de hǎo péng you shù xué
十七岁那年生了场病，他的好朋友数学
jiā huà luó gēng dào yī yuàn qù tàn wàng tā jiàn dào lǎo péng you
家华罗庚到医院去探望他。见到老朋友，
guō mò ruò shí fēn kāi xīn èr rén zài bìng fáng li lā qǐ le
郭沫若十分开心。二人在病房里拉起了
jiā cháng liáo zhe liáo zhe tán dào rén de nián líng chēng wèi shàng lái
家常。聊着聊着谈到人的年龄称谓上来
le huá luó gēng hū rán duì guō mò ruò tí chū zhè yàng yí gè
了，华罗庚忽然对郭沫若提出这样一个
wèn tí wǒ guó gǔ dài duì nián líng de chēng wèi dōu shì zhǐ de
问题：“我国古代对年龄的称谓都是指的

整岁数，那像七十七岁、八十八岁、九十九岁这样的岁数，该怎么用汉字来表示呢？”

听老朋友这么一说，爱钻研的郭沫若顿时来了兴趣。对于他这样一个汉学大师来说，这根本不是什么难题。思考一番后，精神矍铄的郭沫若说：“七十七岁叫‘喜寿’，八十八岁叫‘米寿’，九十九岁叫‘白寿’。”

看华罗庚有些疑惑，郭沫若挪动了一下身子，向着老朋友坐的方向靠了一下，说：“七十七，八十八，九十九，这三个数字我们不妨当作字谜来猜。”

刚说到这里，华罗庚禁不住插了一句话：“汉学大师就是汉学大师，什么时候都忘不了自己的老本行。”

guō mò ruò tīng hòu xiào le xiào jiē zhe shuō xǐ zì
郭沫若听后笑了笑，接着说：“‘喜’字
de cǎo shū zì tǐ xǐ hěn xiàng shì yóu qī shí qī zhè sān
的草书字体（喜）很像是由‘七十七’这三
gè shù zì zǔ chéng de bā shí bā shuō chéng mǐ shòu shì yīn
个数字组成的；八十八说成‘米寿’，是因
wèi mǐ zhè ge zì wú lùn cóng shàng wǎng xià kàn hái shi cóng
为‘米’这个字无论从上往下看，还是从
xià wǎng shàng kàn zhèng hǎo dōu shì bā shí bā jiǔ shí jiǔ
下往上看正好都是‘八十八’；‘九十九’
shì yì bǎi jiǎn qù yī bǎi zì jiǎn diào shàng miàn de
是‘一百’减去‘一’，‘百’字减掉上面的
yì héng bú jiù shì bái ma jiǔ shí jiǔ suì dāng rán kě
一横不就是‘白’吗？‘九十九’岁当然可
yǐ chēng zuò bái shòu le
以称作‘白寿’了。”

guō mò ruò gāng shuō wán huà luó gēng pèi fú de shēn chū dà
郭沫若刚说完，华罗庚佩服地伸出大

拇指。二人哈哈笑起来，病床上的郭沫若也顿时精神了许多。

二人笑过之后，郭沫若似乎意犹未尽，接着说：“老伙计，一百零八岁我们不妨称作‘茶寿’。”停了一下，郭沫若接着说：“你看，‘茶’字上面的‘艹（草字头）’，可以看作‘廿’字，就是二十的意思。‘艹（草字头）’下面的部分，看起来像个‘米’字，也就是八十八，加起来正好一百零八。老伙计，多注意身体，我们都争取过‘茶寿’啊！”华罗庚一听高兴极了，连声说：“好、好、好，我们都争取！”

郭沫若对“喜寿”“米寿”“白寿”“茶寿”如此风趣的解释，也丰富了我国的“寿”文化。

齐白石造“烤”字

qí bái shí shì shì jì shì jiè shí dà huà jiā zhī yī
齐白石是20世纪世界十大画家之一，
yě shì shì jiè wén huà míng rén tā de yì wén yì shì kě zhēn
也是世界文化名人。他的逸闻轶事可真
shì shǔ bú shèng shǔ zhè lǐ jiù yǒu yí gè guān yú tā zào zì de
是数不胜数，这里就有一个关于他造字的
gù shi
故事。

yǒu yì tiān duō cì cǎi fǎng guò qí bái shí de jì zhě táng
有一天，多次采访过齐白石的记者唐
yǒu shī xìng chōng chōng de lái dào qí bái shí jiā li duì qí bái
友诗，兴冲冲地来到齐白石家里，对齐白
shí shuō zǒu lǎo yé zi wǒ qǐng nín lǎo dào kǎo ròu wǎn chī
石说：“走，老爷子，我请您老到烤肉宛吃
kǎo ròu qù qí bái shí yì tīng hā hā dà xiào zhǐ zhe zì
烤肉去。”齐白石一听，哈哈大笑，指着自
jǐ de yá shuō nǐ kàn wǒ de yá hái néng chī kǎo ròu ma
己的牙说：“你看我的牙，还能吃烤肉吗？

jiáo bú dòng lou táng yǒu shī yě xiào hā hā de shuō jiáo de
嚼不动喽！”唐友诗也笑哈哈地说：“嚼得
dòng jiáo de dòng bù rán wǒ yě bú huì lái qǐng nín lǎo a
动，嚼得动，不然我也不会来请您老啊。”
jiàn qí bái shí hái shi bú xìn táng yǒu shī jiē zhe shuō nà lǐ
见齐白石还是不信，唐友诗接着说：“那里
de kǎo ròu yuǎn jìn wén míng nèn de gēn dòu fu yí yàng tīng táng
的烤肉远近闻名，嫩得跟豆腐一样。”听唐
yǒu shī shuō de zhè me hǎo qí bái shí miǎn qiǎng dā ying le
友诗说得这么好，齐白石勉强答应了。

nǎ zhī dào nà er hòu yì cháng nà kǎo ròu guǒ rán nèn rú dòu
哪知到那儿后一尝，那烤肉果然嫩如豆
fu rù kǒu jí huà qí bái shí yì biān chī yì biān zàn tàn bù
腐，入口即化。齐白石一边吃一边赞叹，不
yí huì er jiù chī le yí dà pán chī wán kǎo ròu qí bái shí
一会儿就吃了一大盘。吃完烤肉，齐白石
zhèng yào gào cí zhè shí kǎo ròu wǎn de lǎo bǎn chèn jī zǒu guò lái
正要告辞，这时烤肉宛的老板趁机走过来，
gōng jìng de duì qí bái shí shuō tīng wén nín lǎo shì dà shū fǎ
恭敬地对齐白石说：“听闻您老是大书法
jiā nín kàn wǒ men xiǎo diàn lián gè mén biǎn yě méi yǒu bú zhī
家，您看我们小店连个门匾也没有，不知
nín lǎo shì fǒu yuàn yì wèi wǒ men xiě yí gè a qí bái shí
您老是否愿意为我们写一个啊？”齐白石
xìng zhì zhèng nóng tīng lǎo bǎn yì shuō biàn shuǎng kuai de dā ying le
兴致正浓，听老板一说，便爽快地答应了。

qí bái shí huí dào jiā li zhǔn bèi hǎo bǐ mò què fàn
齐白石回到家里，准备好笔墨，却犯
le nán tā chá yuè le hěn duō bǎn běn de zì diǎn fā xiàn dōu
了难。他查阅了很多版本的字典，发现都

zhǐ yǒu hōng hé kǎo zhè liǎng gè zì tā jué de biǎn é
只有“烘”和“考”这两个字。他觉得匾额
shang wú lùn xiě hōng hái shi xiě kǎo dōu bù tiē qiè zěn
上无论写“烘”还是写“考”，都不贴切。怎
me bàn ne zhè kě chóu huài le qí bái shí
么办呢？这可愁坏了齐白石。

tā zài shū fáng li zǒu lái zǒu qù yì biān zǒu yì biān xiǎng
他在书房里走来走去，一边走一边想：
kǎo ròu yào yòng huǒ rú guǒ zài kǎo
烤肉要用火，如果在“考”
zì biān shang jiā gè huǒ zì jiù
字边上加个“火”字，就
shì bìng qǔ kǎo de dú
是“烤”，并取“考”的读
yīn hā hā hā zhè zì yòng zài
音。哈哈哈，这字用在
zhè lǐ zài hé shì bú
这里再合适不
guò le yú
过了。于

shì qí bái shí huī bǐ xiě xià le kǎo zì rán hòu yòu zài hòu
是齐白石挥笔写下了“烤”字，然后又在后
miàn jiā le yì háng xiǎo zì běn wú cǐ kǎo qí bái shí
面加了一行小字：“本无此‘烤’，齐白石
dù zhuàn
杜撰”。

bù zhī shén me yuán yīn qí bái shí xiě wán zhè xiē jiù gē
不知什么原因，齐白石写完这些就搁
bǐ le diàn lǎo bǎn xīn xiǎng méi xiě
笔了。店老板心想没写
diàn míng zhǐ yǒu yí gè kǎo zì
店名，只有一个“烤”字
zěn me dāng pái biǎn guà a jiàn diàn
怎么当牌匾挂啊？见店
lǎo bǎn xīn zhōng fàn chóu yǒu rén tí
老板心中犯愁，有人提

议说不如模仿齐白石的笔迹，在“烤”后面再加上“肉宛”两个字，成为一个完整的牌匾，但老板觉得那样不妥。后来，干脆就把一个“烤”字让人裱好后挂在店门口。

没想到，牌匾一挂上去就引来了众人一致称赞，大家纷纷夸奖这“烤”字造得好，造得妙。

后来，“烤”这个字被广泛使用，竟然成了常用字，后又被收进字典，进入了人们的生活。

到了1946年，齐白石已是八十六岁高龄，他再次光临烤肉宛，店老板又向他求字。齐白石欣然同意，这次他在店中现场写下“清真烤肉宛”几个字，也算是最终给了店老板一个完美的牌匾。

“虫二”与“乂二”

qián lóng huáng dì xià jiāng nán de shí hou céng jīng zài hěn duō dì fang liú xià le tā de mò jì

乾隆皇帝下江南的时候，曾经在很多地方留下了他的墨迹。

nà nián tā lái dào háng zhōu fàn zhōu xī hú shí jǔ mù jiàn hào yuè dāng kōng fǔ shǒu jiàn bō guāng lín lín zhèn zhèn qīng fēng chuī guò shí fēn qiè yì tā chù jǐng shēng qíng líng gǎn bèng fā huī háo xiě xià le chóng èr èr zì xiě wán zhī hòu qián lóng huáng dì hā hā yí xiào wèn shēn biān de jì xiǎo lán jì ài qīng zhè èr zì shì hé yì a jì xiǎo lán kàn huáng dì tū rán xiě chū zhè liǎng gè zì sī kǎo zài sān yě méi

那年，他来到杭州，泛舟西湖时，举目见皓月当空，俯首见波光粼粼，阵阵轻风吹过，十分惬意。他触景生情，灵感迸发，挥毫写下了“虫二”二字。写完之后，乾隆皇帝哈哈一笑，问身边的纪晓岚：“纪爱卿，这二字是何意啊？”纪晓岚看皇帝突然写出这两个字，思考再三，也没

huí dá chū lái jiù zài tā míng sī kǔ xiǎng zhī shí zhǐ tīng wèi
回答出来。就在他冥思苦想之时，只听为
tā men huá chuán de shāo gōng zài yuè xià lǎng shēng shuō dào zhēn shì
他们划船的艄公在月下朗声说道：“真是
shuǐ tiān yí sè a shāo gōng de huà yí xià zi tí xǐng le jǐ
水天一色啊。”艄公的话一下子提醒了纪
xiǎo lán kàn zhe yuè xià de qián lóng huáng dì jǐ xiǎo lán shuō
晓岚，看着月下的乾隆皇帝，纪晓岚说：
bì xià cǐ nǎi fēng yuè wú biān tīng le jǐ xiǎo lán de
“陛下，此乃‘风月无边’。”听了纪晓岚的
huí dá huáng dì fēi cháng gāo xìng
回答，皇帝非常高兴。

yuán lái qián lóng huáng dì xiě de chóng èr èr zì zhèng shì
原来，乾隆皇帝写的“虫二”二字正是
fēng fēng de fán tǐ zì xiě zuò fēng yuè èr zì de
“风（‘风’的繁体字写作‘風’）月”二字的
zhōng jiān bù fen bǎ zhè liǎng gè zì suǒ yǒu de biān kuàng qù diào
中间部分。把这两个字所有的边框去掉，
bú jiù qià hǎo shì fēng yuè wú biān ma
不就恰好是‘风月无边’吗？

hòu lái rén men zài hú xīn tíng shang lì le yí kuài bēi
后来，人们在湖心亭上立了一块碑，
bǎ chóng èr liǎng zì kè shàng qù jì néng jì niàn qián lóng huáng
把“虫二”两字刻上去，既能纪念乾隆皇
dì guāng lín cǐ dì yě xíng xiàng de miáo huì le zhè lǐ de měi lì
帝光临此地，也形象地描绘了这里的美丽
fēng guāng
风光。

shí guāng fēi shì zhuǎn yǎn dào le xīn de shì jì zhōng rì
时光飞逝，转眼到了新的世纪。中日

恢复正常邦交后不久，日本几位研究汉字文化的学者到中国来考察访问。一天，他们登临“五岳”之首的泰山，下山游览斗母（道教崇拜的女神）宫时，发现斗母宫一侧的巨石上刻有“乂”“二”两个字。山上突然冒出的这两个孤零零的字，令日本学者大惑不解。在苦思不得其解的情况下，他们便向

随行的中国学者请教，谁知中国学者也说不清楚其中的含义，只好答应他们回去查阅资料后再作回答。

下山后，随行人员专门为此事打电话咨询中国科学院的郭沫若，作为汉学大师的郭沫若，这点小事自然难不住他。他一边听电话，一边提笔写下“乂”“二”两字，稍作思考，然后在这两个字的外边各加上两笔，一下变成了“风”“月”两字。于是，他在电话中回答道：“你们告

su rì běn yǒu rén zhè liǎng gè guài zì shì fēng yuè wú biān de
诉日本友人，这两个怪字是‘风月无边’的
yì si
意思。”

hòu lái dāng dài shū fǎ jiā xiè féng sōng yǒu yí cì dēng lín
后来，当代书法家谢逢松有一次登临
tài shān yóu dào cǐ chù yě duì yì èr zhè liǎng gè zì
泰山，游到此处，也对“乂”“二”这两个字
chǎn shēng le xìng qù tā huí qù hòu sī suǒ zài sān zài èr
产生了兴趣，他回去后思索再三，在“二”
zì shang jiā le jǐ bǐ biàn chéng le nián zì zài yì zì
字上加了几笔，变成了“年”字，在“乂”字
shang jiā le jǐ bǐ biàn chéng le huá zì yòu zài nián huá
上加了几笔变成了“华”字，又在“年华”
liǎng gè zì de wài bian jiā le yí gè fāng kuàng yù hán nián huá
两个字的外边加了一个方框，寓含“年华
yǒu xiàn de yì si rú guǒ shuō bǎ guō mò ruò lǐ jiě de fēng
有限”的意思。如果说把郭沫若理解的“风
yuè wú biān zuò wéi shàng lián nà me xiè féng sōng lǐ jiě de nián
月无边”作为上联，那么谢逢松理解的“年
huá yǒu xiàn zé qià hǎo kě yǐ zuò wéi xià lián
华有限”则恰好可以作为下联。

hàn zì wén huà zhēn shì qí miào wú qióng cōng míng de nǐ
汉字文化真是奇妙无穷！聪明的你，
yě kě yǐ xiǎng yì xiǎng yì èr èr zì hái kě yǐ zěn me
也可以想一想“乂”“二”二字，还可以怎么
lǐ jiě
理解。

孔府门口楹联中的“错字”

rú guǒ yǒu yì tiān nǐ lái dào shān dōng shěng qū fù shì
如果有一天，你来到山东省曲阜市，
yí dìng yào qù kǒng fǔ kàn yí kàn yīn wèi zhè lǐ kě shì shèng rén
一定要去孔府看一看，因为这里可是圣人
kǒng zǐ de jiā xiāng
孔子的家乡。

zǒu dào kǒng fǔ de dà mén qián nǐ huì fā xiàn dà mén
走到孔府的大门前，你会发现，大门
de zhèng shàng fāng xuán guà zhe yí kuài xiě yǒu shèng fǔ de biǎn
的正上方悬挂着一块写有“圣府”的匾
é zài mén liǎng cè de zhù zi shang hái yǒu zhè yàng yí fù yíng lián
额，在门两侧的柱子上还有这样一副楹联：
yǔ guó xián xiū ān fù zūn róng gōng fǔ dì tóng tiān bìng lǎo wén
“与国咸休安富尊荣公府第，同天并老文
zhāng dào dé shèng rén jiā rú guǒ xì xì guān chá nǐ hái huì
章道德圣人家。”如果细细观察，你还会
fā xiàn shàng lián hé xià lián de dì liù gè zì fù hé zhāng
发现，上联和下联的第六个字“富”和“章”

可都是错字，“富”字上面缺少一点，“章”字下面的那一竖一直通到了上方。可能你会惊讶，这是怎么回事？大圣人家门口的字也有错？这不是天大的笑话吗？

其实啊，这不是什么笑话，这可是天下最有文化的错字。这两个字妙就妙在是错字，它们错得各有含义：上联中的“富”字没有了那一点，“宀（宝盖头）”变成了“冖（秃宝盖）”，意思就是“富贵无头”；“章”字下面的竖直通上面，那表示“文章通天”。这两个字故意写错，正体现了孔府的特殊门第和身份。游客明白了这一点，没有一个不点头称妙的。说起这两个错字，还有一番来历呢。

关于“富”字无点的来源，有一个这样的传说。晚唐时期，孔子的第42代孙孔光嗣成亲那天，有一位路过的神仙来祝贺，没想到，他竟然故意把孔府家门口贴的“富”字上面的那一点给抹掉了。这样一来，孔家的人自然不乐意，都开始责怪起神仙来。神仙微微一笑，道出其中玄机：“其实，我去掉这一点，恰恰是祝福孔家能够‘富贵无头’呢。孔家人一听很有道理，从此凡是遇到“富”这个字，在书写的时候便故意把上面的一点省略掉。

而“章”字一竖通天，据说跟清代的大

xué shì jǐ xiǎo lán yǒu guān dāng nián jǐ xiǎo lán fèng qián lóng huáng
学士纪晓岚有关。当年，纪晓岚奉乾隆皇
dì de mìng lìng qián wǎng qū fù wèi kǒng fǔ shū xiě duì lián shū
帝的命令前往曲阜，为孔府书写对联，书
xiě wán bì wú lùn zěn me kàn dōu duì zhāng zì bù mǎn yì
写完毕，无论怎么看，都对“章”字不满意，
yú shì tā zài zhǐ shang yòu xiě le jǐ gè hái shi méi yǒu yí gè
于是他在纸上又写了几个，还是没有一个
mǎn yì de jǐ xiǎo lán hěn jǔ sàng biàn fàng xià bǐ qù xiū xi
满意的。纪晓岚很沮丧，便放下笔去休息，
bù yí huì er biàn shuì zháo le
不一会儿便睡着了。

shuì mèng zhōng tā kàn jiàn yǒu yí wèi lǎo rén zài tā xiě de
睡梦中，他看见有一位老人在他写的
zhāng zì de nà yí shù shang yòu tiān le yì bǐ ràng nà yí
“章”字的那一竖上又添了一笔，让那一
shù chuān guò le zhōng jiān de rì zì chéng le pò rì zhuàng
竖穿过了中间的“日”字，成了破“日”状。
jǐ xiǎo lán cóng mèng zhōng xǐng lái hǎo sì dé le shén tōng tí bǐ
纪晓岚从梦中醒来，好似得了神通，提笔
zhàn le nóng mò bǎ zhāng zì de nà yí shù xiě chū le tóu
蘸了浓墨，把“章”字的那一竖写出了头。
zài yí kàn hǎo zhè yí xià jìng jiè quán chū lái le zhēn de
再一看，好！这一下境界全出来了，真的
shì wén zhāng tōng tiān a yú shì tā xǐ zī zī de jiāng cǐ
是“文章通天”啊。于是他喜滋滋地将此
lián tiē zài kǒng fǔ mén kǒu zhāng xiǎn kǒng jiā míng fù qí shí de wén
联贴在孔府门口，彰显孔家名副其实的“文
zhāng shì jiā shēn fèn
章世家”身份。